中华优秀传统文化的传承与发展研究

张琼玉　著

中国纺织出版社有限公司

内 容 提 要

中华优秀传统文化是中华民族的精神命脉，是我们在世界文化激荡中站稳脚跟的根基。本书主要探讨了中华优秀传统文化的基本内涵、发展现状、传承与发展的重大意义、创新发展策略以及传承路径，并结合新时代背景，提出通过数字技术、新媒体等手段推动中华优秀传统文化的创造性转化与创新性发展，以实现中华优秀传统文化的可持续传承和国际传播。本书适用于传统文化研究者。

图书在版编目（CIP）数据

中华优秀传统文化的传承与发展研究 / 张琼玉著 .
北京 : 中国纺织出版社有限公司，2025．3．-- ISBN
978-7-5229-2616-2

Ⅰ．K203

中国国家版本馆 CIP 数据核字第 2025VC9525 号

责任编辑：段子君　　责任校对：高　涵　　责任印制：储志伟

中国纺织出版社有限公司出版发行
地址：北京市朝阳区百子湾东里 A407 号楼　邮政编码：100124
销售电话：010—67004422　传真：010—87155801
http://www.c-textilep.com
中国纺织出版社天猫旗舰店
官方微博 http://weibo.com/2119887771
河北延风印务有限公司印刷　各地新华书店经销
2025 年 3 月第 1 版第 1 次印刷
开本：710 × 1000　1/16　印张：7.5
字数：136 千字　定价：99.90 元

前　言

中华优秀传统文化是我国独特的精神财富与文化底蕴。中华优秀传统文化不仅承载着我们的历史记忆，更是构建现代中国不可或缺的基石。中华优秀传统文化不仅是我们的宝贵遗产，更是推动国家进步和社会发展的内在动力。在新时代背景下，继承并创新发展这一文化遗产，对于增强文化自信、促进文化繁荣具有重要意义。因此，研究如何在实现中国梦的过程中有效地传承和创新传统文化，并从中获取推动民族复兴的精神动力，已成为一个亟待解决的重要议题。

中国拥有超过五千年的不间断文明历史，经过岁月的沉淀形成了丰富且深远的文化遗产，对世界文明的发展起到了重要作用。中华文化作为民族精神的基础，是连接所有中华儿女的精神纽带。这片土地上的文化积累反映了中华民族深层次的精神追求，包含了我们最基本的文化标识，并彰显了中华民族独有的精神特质。这些传统文化正是支撑中华民族经历风雨变迁仍能不断发展壮大，保持持久生命力的重要因素。

一个国家和民族的强大，往往依赖于其文化的繁荣。缺乏对于文明传统的继承与创新，缺乏对中国优秀传统文化的广泛传播与振兴，就无从谈及中国梦的实现。在全球化竞争日益加剧的当下，世界各国之间的竞争已超越了单纯的军事和经济实力范畴，转而在科技水平和文化影响力上展开角逐。科技与文化软实力已成为提升国家整体竞争力的关键因素。传承我国优秀的传统文化不仅能提升公民的素养，落实社会主义核心价值观，同时也有助于增强国家的文化吸引力，在国际舞台上塑造积极正面的形象。我们必须继承传统文化的精华，在此基础上进行创新和发展，以充分发挥其在当代社会中的价值。

本书主要探讨了中华优秀传统文化的基本内涵、发展现状、传承与发展的重大意义、创新发展策略以及传承路径，并结合新时代背景，提出通过数字技术、新媒体等手段推动中华优秀传统文化的创造性转化与创新性发展，以实现中华优秀传统文化的可持续传承和国际传播。

在本书的编撰过程中，笔者收集并引用了大量与本研究主题相关的最新资料，并广泛参考了国内众多专家学者的前沿学术成果，在此向他们致以诚挚的谢意。鉴于个人能力的局限性，书中难免存在不足之处，真诚希望各位读者能够提出宝贵的意见和建议，以便于后续的修订与完善。

张琼玉

2025 年 1 月

目　录

第一章　概 述 …………………………………………………………… 1

第一节　中华优秀传统文化的基本内涵及演进 ……………………… 1
第二节　新时代中华优秀传统文化传承与创新的新要求 ………… 26
第三节　以数字技术推动中华优秀传统文化传承发展的路径选择 … 30

第二章　中华优秀传统文化的发展现状 ………………………………… 37

第一节　中华优秀传统文化在国内的发展概况 …………………… 37
第二节　中华优秀传统文化国际传播问题研究 …………………… 43
第三节　中华优秀传统文化传承面临的机遇与挑战 ……………… 49

第三章　传承发展中华优秀传统文化的重大意义 ……………………… 56

第一节　立足中华优秀传统文化，厚植文化自信根基 …………… 56
第二节　提升人民群众文化素养的丰厚文化滋养 ………………… 61
第三节　增强国家文化软实力的丰富文化资源 …………………… 64
第四节　推进国家治理体系和治理能力现代化的有益文化借鉴 …… 66
第五节　推动世界和平发展的宝贵文化智慧 ……………………… 71

第四章　中华优秀传统文化的创新发展 ………………………………… 76

第一节　中华优秀传统文化创新发展的必要性与作用 …………… 76
第二节　弘扬与创新中华优秀传统文化的原则及策略 …………… 79
第三节　中华优秀传统文化与社会主义核心价值观的融合 ……… 86

第五章　中华优秀传统文化的传承路径 ………………………………… 91

第一节　完善中华优秀传统文化传承机制 ………………………… 91

第二节　新媒体时代中华优秀传统文化传播的优化路径 ………………… 99
第三节　探索建立新时代中华优秀传统文化的传承方式 ……………… 102
第四节　提升中华优秀传统文化的世界竞争力和影响力 ……………… 104

参考文献 ……………………………………………………………… 106

第一章　概　述

第一节　中华优秀传统文化的基本内涵及演进

一、中华优秀传统文化的主体内容

（一）中华优秀传统文化的基本概念和组成

1. 中华优秀传统文化的基本概念

我们时常提及“传统”与“传统文化”。所谓的“传统”，指的是那些历经岁月洗礼和历史沉淀，从过往延续至今的思想、道德观念、习俗、文化艺术、制度及行为模式等，它们对人们的社会行为产生着无形的影响和制约。“传统”通过代代相传的方式，反映了社会的进步与中华民族的发展历程，并具有时间上的连续性和文化基因的继承特征。“传统”无处不在，它如同空气一般，渗透到人们日常生活的方方面面，产生了深远的影响。“文化”是“传统”的主要载体，其核心在于凝聚人心的力量。“传统”的内容正是通过“文化”的形式得以体现和传递。“传统文化”是在漫长的历史变迁和社会发展中逐步形成并演变而来，它存在于每个民族之中，并且每个民族都有其稳定的传承方式。“传统文化”展现了一个民族的精神财富，蕴含着特定的精神内涵与文化基因。“传统”不仅彰显了一个民族的独特性格与文化特质，还承载着该民族的价值导向，使群体成员共享相同的价值追求，决定着民族的生活方式与思维方式，增强了民族内部的认同感与凝聚力，同时也是推动民族发展的内在动力。

中华传统文化是中华民族在漫长的历史进程和社会实践中逐步积累并传承下来的道德准则、文学艺术、宗教信仰、风俗习惯、教育科学等内容的总和。它是中华文明成就的集中体现，涵盖了历史上形成的道德传承、文化思想、风俗习惯及精神观念的各个方面，直至今日仍对中华民族产生着深远影响。根据中国历史的演进顺序，中华传统文化经历了从有巢氏、燧人氏、伏羲氏、神农氏、轩辕氏，再到尧、舜、禹等时代的演变，直至夏朝建立后，一直延续至今。中华传统文化内容丰富多样，其中以儒、佛、道三家文化为主要构成部分。这三种文化不仅构成了中华传统文化的核心，还规范了中华民族的行为准则、道德标准及精神追求。儒家文化强调仁爱与礼仪的重要性，受到了历代学者的推崇；佛教文化倡导慈悲为怀、普度众生的理念，强调因果循环，并提倡行善避恶；道教文化则主张顺其自然，追求人与自然的和谐共生，遵循事物发展的自然法则，主张无为而治。

我们从时间维度出发来理解中华传统文化，传统文化首先是作为一种持续存在的现象，其次是作为一种沿袭至今的传承。到了 20 世纪初，在新文化运动和五四运动期间，“中华传统文化”这个概念才有了明确的定义，最初指的是 1840 年鸦片战争之前，由中华先民创立并持续发展下来的文化传统。如今我们所拥有的灿烂文化成果，正是中华先民在漫长的历史进程中不断积累、发展并传承的结果。中华传统文化涵盖的内容包括了各个历史阶段的哲学思想、宗教信仰、科学技术、文学创作、教育理念、艺术形式，以及古代中国的价值观念、思维方式、生活习惯等方面。这些都是属于观念形态的文化范畴，体现了中华传统文化按其自身发展脉络和历史轨迹进行传承的特点，是一种基于时间序列的纵向认知模式。

文化作为一种观念形态的存在，虽然无形，却以有形的方式影响着我们的日常生活。它在不经意间塑造着我们的行为习惯和思维方式，并始终处于一个动态变化与自我更新的过程之中。唯有那些能够促进社会进步、具有传播价值并且充满生命力的文化元素，才能够经受得住时间的考验，得以保存并延续，成为后代文化的重要构成，即我们所说的“传统文化”。例如，中国古代的诸多文化成就，如“四书”“五经”、汉赋、唐诗、宋词、古典音乐及绘画等，尽管是由先人创造的，但至今仍在影响着现代人的思想观念、价值判断、思维方式、审美标准乃至日常生活习惯。我们坚信，这些文化成就不仅在过去和现在激发了国人的共鸣，也将继续在未来对人们产生深远的影响。因此，传统文化对于未来而言，是一种开放的、能够随着社会变迁而不断适应的文化形态。经过当代人的理解和选择，并加以运用后，传统文化将继续累积和更新，成为构建未来新型文化的基础。由此可见，传统文化对于当代社会来说，并不只是过去的遗产、陈旧的遗物，而是连接历史与现实、展望未来的桥梁，是中华民族的精神内核，也是中国人的精神家园。

关于中华优秀传统文化的核心内涵，学者们多年来进行了深入的研究，提出了多种视角和见解。中华优秀传统文化无疑是中华传统文化的一部分，也是中华文化的重要构成。然而，对于“中华优秀传统文化”这一概念的具体定义，人们并没有达成一致的认识。自20世纪80年代起，随着对中华传统文化研究的不断深入，大量的论文和专著相继发表，但在界定“中华优秀传统文化”的本质特征方面尚未有充分的阐述。

杨翰卿和李保林两位学者对这个问题有所论述。他们指出，在中华传统文化中，至少可以从两个方面识别出具有积极意义和现代价值、应归入优秀传统文化范畴的内容：一是反映民族精神的部分，如“天下兴亡，匹夫有责”的社会责任感、“革新求变”的进取精神、重视民众利益的民本思想、坚持不懈的奋斗精神、追求和谐共处的“和合”理念，以及包容异质文化的融合精神；二是倡导善行、重视个人品德修养和伦理观念，如“己所不欲，勿施于人”的仁爱态度、“勿以恶小而为之，勿以善小而不为”的自律原则、“三军可夺帅也，匹夫不可夺志也”的坚定意志等。这些都是中华传统文化中值得传承和发扬的思想精髓。

通过上述分析，我们了解到中华优秀传统文化是中华传统文化的一个重要分支，它特指那些经过广大人民群众长期社会实践的检验，并在历史的长河中经受住了考验，最终被保留下来并得以长久传承的文化精华。这部分文化不仅是中华传统文化的灵魂与精髓，更是中华民族精神风貌的体现。对此，中山大学文化研究所所长李宗桂的观点是，中华优秀传统文化是在中华民族悠久的发展历程中逐渐形成，并发挥了积极的历史作用，至今依然保持着重要价值的思想文化体系。他还进一步阐述：“优秀文化传统应当具备的特征是：反映中国文化健康的精神方向；能够鼓舞人们前进，无论在历史上还是在当代中国文化的建设中，都具有激发民族自信心和自豪感的作用；具有民族文化认同功能；具有历史继承性和稳定性；是中华文化的活精神，在今天仍然具有强大的生命力。”

2. 中华优秀传统文化的基本组成

学者宋玉静认为：“中华传统文化是中华文明演化而汇集成的一种反映中华民族特质和风貌的民族文化。中国传统文化源远流长，博大精深，它是先辈们传承下来的丰厚遗产。中华传统文化的精髓历经五千年的传承，已成为人们思想观念、行为规范及人文精神的主导，是中华民族强大凝聚力的源泉。”在其漫长的发展历程中，正是依靠广大人民的社会实践为主导，并结合思想家们的理论总结，一系列优良的文化传统才得以逐步建立。这些优秀传统文化对中华民族的发展壮大及中国社会的政治经济进步起到了关键的促进作用，最终汇聚形成了中华民族的基本文化精神。中华优秀传统文化涵盖的内容包括以下几个方面。

（1）思想理念

中华传统文化中包含了许多看似矛盾却又彼此依赖的概念，例如，动静、阴阳、有无等，这些概念反映了古人对于对立统一关系的辩证思考。在这些看似对立的要素中，中华民族积极向上的精神和勇往直前的态度始终占据主导地位，并且这种精神至今仍具有积极的意义，指引着中华民族前进的方向。《周易》中“天行健，君子以自强不息”的理念，体现了一种不懈奋斗、自我提升的精神，这种精神经由儒家与道家的不同解读，已经融入中华优秀传统文化之中。它不仅展现了中华民族顽强的生命力，还反映了在逆境中坚持不懈、永不放弃的决心，以及在危难时刻挺身而出的勇气，还有在日常生活中的无私奉献、艰苦奋斗的精神品质及严于律己、宽以待人的道德准则。几千年来，中华民族正是在这种精神的鼓舞下，面对种种挑战，始终保持坚韧不拔的品格。与其他文明相比，中华传统文化作为经历数千年依然充满活力并延续至今的文化体系，其内在的不惧艰难、奋力拼搏的精神成为其支柱之一，深刻影响着今天的中国人。

（2）传统美德

“历览前贤国与家，成由勤俭破由奢”这句话揭示了勤俭节约与廉洁正直是中华民族世代相传的美德。例如，汉朝时期的“文景之治”与唐朝的“贞观之治”，正是由于君主励精图治、节俭治国，才使百姓生活安定，国家力量空前强大，经济繁荣昌盛。相比之下，秦朝与隋朝因统治者骄奢淫逸导致民生凋敝，最终王朝覆灭，两者形成了鲜明对照。中华民族历来崇尚节俭朴素，反对奢华浪费，这反映了中华民族对于勤俭与奢侈的态度非常明确。明代大臣于谦在北京保卫战中挽救了无数生灵，展现了力挽狂澜的勇气，留下了高尚的精神遗产，即不计个人名誉与安全，为了国家和民族的大义保持一颗“清白”之心，同时也体现了他在日常生活中坚持严明的操守和廉洁的作风。正如他所言：“粉身碎骨浑不怕，要留清白在人间。”于谦的高尚品质至今仍是中华民族的骄傲。

（3）人文精神

中华传统文化中的人文精神十分深厚，其中特别强调个人的道德修养，“慎独”成为历代知识分子所追求的至高境界。在中华传统文化的人文伦理体系中，道德色彩浓厚，更多地聚焦于个人责任与义务的履行。尽管儒家、道家和佛家这三大中国古代主流思想体系各有侧重，但它们都不约而同地探讨了人生哲学的问题，涉及人的生存意义及人生目标。《大学》中提出的诚意、正心、格物、致知、修身、齐家、治国、平天下八个步骤中，修身起到了承前启后的重要作用。这是因为前四个方面的内容——诚意、正心、格物、致知，都是为了修身打基础，而修身之后才能依次实现更高的目标，直至达到治国、平天下的终极理想。齐家、治国和平天下是修身所要达到的最终目的。对于国家和社会的管理者而言，遵循道德规范、提升个人修养是为人民和社会造福的前提，反之则可能给人民带来不幸。这也是为什么中国古代知识分子将“内圣外王”视为其最高的人生理想。宋玉静认为：“中华传统文化当中的道德伦理，提倡人是人际关系的核心，是道德的载体。道德素质越高，则人品越好，越受人推崇，反之，则为人所不齿。这种文化激励了无数人培养健全的人格和高尚的道德，净化了社会风气。”

（二）中华优秀传统文化的基本内涵

中华传统文化是中华民族在长期改造自然、改造社会、改造自身的实践中积累和流传下来的精神遗产。它经历了时间的考验，是中华民族特有的生活方式和思维方式的精神体现。自给自足的自然经济，高度集权的政治体系，还有作为中国长期社会生活基础形态的宗族关系和血缘关系，都是中华传统文化产生和发展的基础，并且形成了在数千年封建社会中起到关键作用的“三纲五常”和伦理道德。这些是社会的主导性价值取向，也凝练成了以政治伦理文化为主体的中华传统文化，是渔猎文明时期和农耕文明时期非常重要的文化形态。进入工业文明时代尤其是后工业文明时代，中华优秀传统文化迎来了新的发展时期，迸发出新的生命力。

学者赵玉华指出，中国传统文化的核心内涵可以归纳为四个方面：刚健有为、和谐中庸、崇德重用、天人合一。《周易》中的“天行健，君子以自强不息”与“地势坤，君子以厚德载物”两句，高度浓缩了中国文化的精神实质，一方面强调积极进取、不懈奋斗的精神，另一方面则体现了包容并蓄的广阔胸襟。这些特征共同构成了中华民族的精神特质。尽管历史上曾有思想家提倡无为而治的理念，但从整体上看，中华文化始终关注现实生活，关心民众的福祉，并将其视为自身的使命。这种思想不仅占据主导地位，还培养了一代又一代以国家兴亡为己任的中华儿女。具体而言，中华优秀传统文化的基本内涵体现在以下几个方面。

1. 天人合一思想——万物一体、民胞物与

在自然界中，人与各种生物都是平等的，没有任何实体可以凌驾于自然之上，一切都要遵循自然的规则。“天人合一”这一理念，体现了中华民族从古至今始终不变的追求。这一思想得到儒、释、道三家的一致认同，强调以“民吾同胞，物吾与也”的精神来对待人与人之间及人与自然之间的关系，要求我们在实际生活中珍视人类及其他一切生命。这一理念影响了历代的中华儿女，成为我们用仁爱之心来处理人际、物我关系的价值导向与精神追求，是推动中华民族和谐发展的核心价值观念。

2. 和谐共生思想——和而不同、并行不悖

“和实生物，同则不继”是西周末年思想家史伯提出的观点，强调的是万物唯有在和谐共存的状态下才能真正生长和发展，世界的多样性和复杂性构成了我们相互依存与共同发展的根基。在此基础上形成的“万物并育而不相害，道并行而不相悖”的观念，进一步阐述了万物可以并存而不互相损害，不同的法则可以同时发挥作用而不必相互冲突。这些思想准确地反映了早在商周及春秋战国时期，中华民族就已经孕育了对不同性质与形态事物的包容态度，体现了中华民族主张万物相依、和谐共存的理念。在中国古代，和谐共生的思想是处理各类事物差异——包括不同学派、不同文化——之间关系的一项基本原则，是在民族融合与文化交流的历史进程中形成并积累下来的精神力量。这种包容、平和、兼容并蓄、宽广宏大的品格，正是和谐辩证法的体现，同时也展示了中华先民卓越的思辨智慧。

3. 积极进取思想——刚健有为、自强不息

“刚健而文明，应乎天而顺乎人”“刚健中正，纯粹精也”“天行健，君子以自强不息；地势坤，君子以厚德载物”……中华优秀传统文化一贯推崇并尊敬“天地”，崇尚自然法则，并将自然界刚健运行的原则应用于个人修养之中，期望中国人民能够像天空一样坚强不屈、坚韧不拔，像大地一样宽厚包容、滋养万物。奋发向上、自强不息的精神作为中华传统文化的基本精神之一，贯穿了整个中华民族的历史，引领着中国人民克服了一次又一次的艰难险阻。这种刚健有为、自强不息的思想，充分展现了中华民族积极向上、自强不息的生命力，反映了中华民族不畏艰难、勇于开拓的进取精神。

4. 天下为公思想——天下己任、整体为上

以天下为己任，将整体利益置于个人利益之上的思想，是中华传统文化的一大特色。从三国时期的杨阜“常侃然以天下为己任”，到五代十国时期的崔暹“忧国如家，以天下为己任”，再到隋唐时期的高颎“竭诚尽节，举荐贤良，以天下为己任”，这些言论无不体现了在中华优秀传统文化中，将百姓的安宁与民众的福祉视为知识分子肩上重任的核心理念。

5. 仁爱修身思想——己所不欲、勿施于人

孔子提出的仁爱思想历经千年，给中国民众带来影响深远，成为几千年来中国社会主流价值观和行为规范的指导原则。“人而不仁，如礼何？人而不仁，如乐何？”这句话的意思是，如果没有仁爱，那么礼仪和音乐也就失去了存在的意义。要实践仁爱，就需要做到“克己复礼”，遵循“己所不欲，勿施于人”的原则，并且无论是在国家事务还是家庭生活中，都应避免怨恨。这不仅意味着要在个人修养上追求自我完善，约束自身行为，克制私欲，还要推己及人，不将自己的意愿强加于他人。只有这样，才能妥善处理各种社会关系，维护社会的和谐与稳定。这一原则对于处理人类社会中的复杂关系至关重要，体现了儒家仁爱思想的核心，即推己及人、仁爱待人的具体做法，通过日常生活中的点滴行动展现对他人的尊重和个人的自我修养。

6. 求新务实思想——与时消息、通权达变

《周易》有云："日中则昃，月盈则食，天地盈虚，与时消息。"这句话的意思是说，当太阳升至中天便开始西斜，月亮圆满之后便会逐渐亏缺。自然界中，天地万物都有其盈虚消长的规律，这提示人们应当在变化中寻找规律，不断创新并脚踏实地地行事。由此产生了"通权达变"的理念，即要根据实际情况和规律的变化灵活应对，不墨守成规，而是在不断变化的事物和现象中寻求创新与突破，强调创新思维的重要性。这些思想和理念构成了中华优秀传统文化，反映出一种超越时间和空间限制的辩证逻辑思维。

7. 社会伦理思想——孝亲尊老、忠信笃敬

在中国传统伦理观念中"百善孝为先"的说法表明，"孝"作为一种历史悠久且重要的传统道德观念，对中华文明产生了深远影响。从关爱家中长辈和子女开始，这种亲情之爱逐渐延伸为对社会上弱势群体的关怀，从而形成了尊老爱幼的社会伦理氛围。"老吾老以及人之老，幼吾幼以及人之幼"是中华优秀传统文化中一项最早确立并延续至今的美德。在具体实践孝道与尊老的过程中，"言忠信，行笃敬"是其行为准则，即言语要忠诚可信，行为要认真恭敬。孝敬父母的伦理思想还延伸到了忠君爱国的层面，这种扩展不仅是对孝道理念的深化，也是中华传统思想的一个显著特点。"忠"与"孝"的传统美德，既是规范人们行为的标准，也是评价个人品德的重要依据。

8. 德行理性思想——以道制欲、中正平和

品行端正与理性思考是评判君子行为的重要标准。在现实生活中，我们常常面临各种诱惑与欲望，要想保持清晰理智的头脑，就必须依靠道德修养和强大的自制力。因此，荀子指出："君子乐得其道，小人乐得其欲。以道制欲，则乐而不乱；以欲忘道，则惑而不乐。"这意味着在用道义来控制欲望的同时，还需秉持"中正平和"的态度，即对待任何事情都不应走极端，因为事物的发展往往比我们预想的更为复杂。例如，当我们拥有物质财富时，不应过分执着于物质享受，而应以平常心对待物质生活，不做物质的奴隶。正如《中庸》所说："喜怒哀乐之未发谓之中，发而皆中节谓之和。中也者，天下之大本也；和也者，天下之达道也。致中和，天地位焉，万物育焉。"以道义来约束欲望、保持中正平和的态度，是中华优秀传统文化中对于德行与理性的重要诠释，它有效地引导我们在面对财富、地位、权力等外部因素的干扰时，要保持一颗平静的心，做到从容应对、心境平和，即使拥有丰富的物质和权力，也不会失去自我，不被外物所牵绊。

9. 教育教化思想——尊师重教、劝学劝善

在中国历史上，凡是有所建树的政治家、思想家和文学家都认识到教育在启迪民智、净化社会风气和推动社会进步方面的重要作用，并强调教师在引领学生向善向上的模范作用。因此，历史上出现了许多关于尊师重教的名言警句，如“疾学在于尊师”“尊师则不论其贵贱贫富”“君子隆师而亲友”“国将兴，必贵师而重傅”“师者，所以传道授业解惑也”“一日为师，终身如父”等。自春秋时期孔子开创私学以来，我国的教育体系一直注重道德修养与道德教育，在传授知识的同时，潜移默化地培养学生向善向上的品质。尊师重教与劝学劝善的思想，作为中国文化的重要组成部分，体现了中华思想的重要传统。

（三）中华优秀传统文化的结构、流派与载体

根据李宗桂的观点，中华传统文化是推动中华民族持续发展和前进的精神动力与智慧之源。作为历经漫长岁月演进而形成的文明成果，中华传统文化深刻地体现了中华民族的精神风貌、特性和本质。它不仅拥有悠久的历史，内容也极为丰富，是祖先们精心提炼、选择并留传给后代的珍贵遗产。经过五千年的岁月洗礼与积淀，中华传统文化的核心精神已成为规范行为举止、塑造人文素养的基本原则，并构成了增强中华民族凝聚力的思想基础。

1. 中华优秀传统文化的结构

从结构上看，中华优秀传统文化是一个涵盖了物质文化、制度文化和思想文化的完整体系。它包含了从古至今在中国大地上孕育出的所有物质文明与精神文明成果，主要包括思想文化（如先秦诸子百家学说，以及从秦汉到明清时期涌现的多样化思想理论）、制度文化、民间风俗，以及文学艺术（如诗词歌赋、戏剧、书法绘画和建筑文物等）。学者谢惠媛认为，中华优秀传统文化的范畴应包括思想文化、文学艺术、文化遗产及非物质文化遗产等多个方面。

从文化构成的角度来看，中华优秀传统文化是一个多元一体的体系，主要以汉民族文化为主体，同时包含了各个少数民族的文化元素。这是一个多民族文化相互交融、彼此依存、共同发展的多元文化格局。

2. 中华优秀传统文化的思想学术发展史

从思想学术的演变过程来看，中华优秀传统文化包括了从先秦时期的各种学说到两汉时期的经学研究，再到魏晋时期的玄学思辨、隋唐时期的佛学发展，以及随后的宋明理学、清代的实学探讨和近代的新学运动等多种文化形式和学术阶段。

这些文化形态相互承接，经历了多个学术思想的繁荣时期，其间蕴含的丰富哲学思想、学术见解、教化理念、道德观念及人文精神，不仅滋养了中华民族的

繁衍与发展，也为今天我们认识与改造世界、治理国家和加强思想道德建设提供了宝贵的启示。此外，对于全人类面临的共同问题，这些文化精髓同样提供了有价值的参考与解决思路。

3. 中华优秀传统文化的学术流派

在学术流派方面，中华优秀传统文化汇集了包括儒家、道家、墨家、法家、佛家、阴阳家、兵家、名家、杂家等在内的诸子百家的思想精华，这些流派在各自发展的过程中相互影响、辩论与融合。例如，汉代的董仲舒提出了“罢黜百家，独尊儒术”的主张，这已经不同于先秦时期的原始儒学，而是在融合了道家、法家及阴阳五行学说的基础上发展起来，体现了儒家思想的包容性和发展性，形成了一种适应时代需求的新思想体系。这一思想体系维护了封建统治秩序，强化了专制王权，稳定了封建政权，因此得到了古代封建统治者的推崇，成为此后两千多年中占主导地位的正统思想。

4. 中华优秀传统文化的载体

从载体的角度来看，中华优秀传统文化既涵盖了诸如经史子集这样的经典文献，也包含了独特的风土人情和生活方式。随着时间的流逝，除了经典的经史子集被完好保存外，许多富有特色的风俗习惯和生活方式同样得以传承。中华优秀传统文化涉及的领域广泛，包括了思想观念、文字语言，以及由此发展出的书法艺术、音乐、武术、戏曲表演、棋艺、节日庆典和民间习俗等。这些元素不仅为传统文化注入了新的内容与表现形式，还构成了人们喜爱并积极参与的共同生活方式。

5. 中华优秀传统文化的时代特点

中华优秀传统文化具有鲜明的时代特征，它随着时代的变迁不断展现出新的生命力。在中华文明五千年的演进中，传统文化已经成为中华民族不可或缺的根基，并随着时代的演进而不断更新。它拥有两个显著的特点：首先，具有溯源性，意味着它是在对古老传统的继承上延续至今的；其次，具有时代性，表明它汲取了新的时代元素，持续发展，始终保持与时代同步。

6. 中华优秀传统文化的民族性

从民族性的角度来看，中华优秀传统文化是以汉民族文化为主体，以黄河流域和长江流域为核心发展区域，并以儒家思想为主线，同时向周边地区辐射，吸收了部分少数民族文化的精髓而形成的。它承载了中华民族的智慧，且在不断地发展中。中华传统文化是由各民族在长期共同生活中创造的，具有鲜明的民族特色、民族风格和民族精神，是维系中华民族生存与发展的精神纽带。

7. 中华优秀传统文化的价值

中华优秀传统文化以民族精神为核心，以爱国主义为导向，蕴含着团结统一、创新发展、崇尚和谐、以人为本等一系列价值观念，构成了一个完整的文化体系。作为中华民族共同体认同的精神基因和文化基础，中华优秀传统文化是中华儿女文化归属感的根源。其中包含了许多处理人与自然、人与社会、人与人之间关系的行为准则，弘扬这些准则有助于推动社会进步，实现人与自然、人与社会、人与人的和谐共生。此外，中华优秀传统文化中诸如“大道之行也，天下为公”“和羹之美，在于合异”等思想，均倡导建立一个开放和包容的世界，这对当今世界产生了深远的影响。因此，中华优秀传统文化对于促进全球和平与发展、构建人类命运共同体，乃至追求全人类共同的理想目标，都具有积极的推动作用。

8. 中华优秀传统文化的历史发展阶段

中华优秀传统文化在中国这片土地上生根开花，并展现出多元化的面貌。根据相关研究，中华传统文化可以追溯到远古时期的神农氏之前。到了春秋战国时期，随着诸侯国之间的纷争加剧，中华优秀传统文化迎来了百家争鸣的黄金时代。这一时期，儒家、道家、墨家、法家、兵家、名家、杂家、阴阳家等各种思想流派的代表人物及其学说，共同构成了中华优秀传统文化的核心与基石，使得这一时期成为中华传统文化发展的重要阶段。随后，在两汉时期，经学得到了广泛的传播；魏晋南北朝时期则是玄学盛行和佛教传入中国的时期。经过一千多年的融合与发展，到了宋明时期，理学兴起，中华优秀传统文化实现了与佛教的融合，形成了儒、释、道三家互补共存的文化格局。进入明清时代，尽管政治经济出现了衰退迹象，中华传统文化在达到巅峰的同时，也面临着被质疑的挑战。五四运动后，随着新文化运动的兴起，出现了一股反思和质疑传统的潮流。中华人民共和国成立后，特别是进入中国特色社会主义新时代以后，中华优秀传统文化迎来了一个新的发展阶段。

（四）中华优秀传统文化的基本特征

中华优秀传统文化的核心特征主要体现在讲求仁者爱人、立足民生民本、坚守诚信正义、崇尚尊师重学，以及追求和合大同这几个方面。

1. 讲求仁者爱人

“君子以仁存心，以礼存心。仁者爱人，有礼者敬人”等论述，明确了人应当具备源自血缘、地缘和职业关系的关爱之心，即“仁心”。通过个人的道德修养，这种仁心可以扩展到更广泛的人群，乃至整个社会和自然环境，达到“民胞物与”的崇高境界。

2. 立足民生民本

中华传统文化中一直强调重民、亲民的思想，民本观念在传统政治思想中占有举足轻重的地位。“民之所欲，天必从之”“民为贵，社稷次之，君为轻”“君者舟也，民者水也，水能载舟，亦能覆舟”“道之以政，齐之以刑，民免而无耻；道之以德，齐之以礼，有耻且格”，这些表述体现了对历史经验的理性总结，是礼治与仁政的具体展现。“克勤于邦，克俭于家”，反映了中华优秀传统文化中推崇节俭的重要一面，也是关注民生、重视民众利益的具体表现。“生之有时，而用之亡度，则物力必屈”“生之者甚少而靡之者甚多，天下财产何得不蹶？”“淫侈之俗，日日以长，是天下之大贼也”，这些观点表达了过度消费超出生产能力会导致资源短缺乃至贫困的看法，强调了节约资源对于社会生产和人民生活的重大意义。

3. 坚守诚信正义

在中国古代社会，每个人都处于特定的社会关系网中，如君臣、父子、夫妻、兄弟及朋友等角色，为了群体的健康发展与和谐共处，个体需要自我约束，遵循基于其社会角色的人伦规范，即“礼”。“不学礼，无以立”，此外还有诸如“勿以恶小而为之，勿以善小而不为”“富贵不能淫，贫贱不能移，威武不能屈，此之谓大丈夫”“老吾老以及人之老，幼吾幼以及人之幼”等格言。个人的价值体现在能够履行对他人的伦理责任，并为社会做出贡献。

4. 崇尚尊师重学

《大学》开篇即言：“大学之道，在明明德，在亲民，在止于至善”，阐明了儒学对于中国知识分子深远影响的三大纲领（彰显美德、关爱民众、臻于完美）和八大步骤（格物、致知、诚意、正心、修身、齐家、治国、平天下）。人可以通过学习历史经验和理性思考来进行自我修养，获取知识，但必须将学习与思考相结合，两者相辅相成。正如孔子所说，“学而不思则罔，思而不学则殆”“学而时习之，不亦说乎？”“朝闻道，夕死可矣”，这些言论体现了孔子对心中“道”的不懈追求。这里的“道”是指根本道理，也可视为孔子“仁”的理想境界。“君子之学也，入乎耳，箸乎心，布乎四体，形乎动静”，这句话强调了君子应当首先通过实践获得直接体验，再通过理性思考，最后将所悟用于实践。“为天地立心，为生民立命，为往圣继绝学，为万世开太平”“先天下之忧而忧，后天下之乐而乐”，这些名言不仅成为历代中华民族优秀人士追求的崇高理想，也反映了中国人的高尚情操和致力于学问与治理天下的抱负，并且激励了一代又一代的读书人。

5. 追求和合大同

在中华传统文化的视角中，天地万物构成了一个统一的整体，自然界的运行法则与人类社会的伦理标准在本质上是相通的。人类在利用自然资源时应保持节制，以此来维护人与自然之间的和谐共生。正如老子所说，“道生一，一生二，二生三，三生万物”，“万物负阴而抱阳，冲气以为和”。这些论述揭示了“阴阳调和”是构建和谐社会的起点，并提供了一套关于自然界变化规律与和谐共存的理论框架。这也反映了中国传统文化中对于宇宙万物发展变化的辩证思考，其核心在于强调对立面之间的统一与均衡。

（五）中华优秀传统文化对当今社会具有积极意义的核心内容

中华优秀传统文化中蕴含了许多可供当今社会借鉴的思想精华。例如，“自强不息，厚德载物”这一理念，鼓励人们始终保持积极进取的精神，并具备宽广的胸怀。面对当今世界激烈的竞争，我们需要有足以立足不败之地的信心与实力；而对于不同于中华文明的其他文明，我们应持包容的态度，认可文明的多元性，而非谋求独霸。中华文化中的这些优秀思想对于现代社会具有重要的现实指导价值。

1.“见利思义、义利两有”的伦理态度与当代经济形象

义利问题一直是人类社会面临的重大议题，也是中国古代道德理论中的关键点。妥善处理义与利之间的关系，对于国家治理、经济发展、伦理道德及社会风气都有着极其重要的影响。孔子在讨论义利关系时提出，应当“义先利后”，以此来“以义制利”。他认为，如果利益的获取符合道义标准，那么就是正当的，称之为“义然后取”。随着市场经济的发展，道德与金钱之间的关系问题变得越来越突出，能否恰当地看待和处理义利关系，不仅关乎个人的品德修养，还直接影响到社会主义市场经济的健康发展。由此可见，孔子所提倡的“见利思义”能够帮助社会成员在面对义利抉择时做出正确的判断。

2.“民惟邦本、德法并治”的政治智慧与当代政治形象

民本思想是我国古代社会中朴素的政治理念和治理观念，体现了中华民族在国家建设和维护社会稳定方面的独特智慧，是我国传统政治思想的核心价值所在，也是传统政治文化的精髓。在我国数千年的封建社会发展中，民本思想是在君主专制中央集权体制下形成的政治文化，具有鲜明的中国特色，是维护古代社会稳定和发展的重要思想基础，对中华文明及中华民族的进步产生了深远的影响。中国共产党以马克思主义为指导，深深扎根于中华优秀传统文化的沃土之中，汲取了传统文化中独特的政治智慧，在民本思想的影响下，确立了“全心全意为人民服务”的根本宗旨，坚持以人民为中心的核心价值理念，坚持从群众中

来到群众中去的工作路线，实现了对我国传统民本思想在新时代的创新发展，开辟了民本思想的新境界。

3.“生生日新、会通超胜”的创新精神与当代文化形象

明代数学家徐光启在翻译西方数学著作及主持历法改革时，提出了从“翻译”到“会通”，再从“会通”到“超胜”的科学理念。这意味着在实际操作中可以借鉴他人的成果，但关键在于要深入理解并消化吸收，形成自己的见解，然后根据实际情况决定是否应用，而不是简单地照搬照抄。这一观点同样适用于对待中华传统文化的态度上，我们必须强调民族文化的核心价值与精神内涵，推进中华优秀传统文化的创造性转化与创新性发展，从而塑造中华民族全新的文化形象。

4.“和而不同、以和为贵”的价值追求与和谐社会形象

“和”的理念在中国传统文化中占有重要地位，深深影响着中华民族每一个成员的思想观念和行为方式，成为中华文化中极为重要且宝贵的思想遗产。“和为贵”“家和万事兴”等观念早已成为中国人化解矛盾、处理纷争的有效方法。直至今日，“和”的理念依然是中华民族处理人际关系的重要准则。

5.“文明以止、天人合一”的生态睿智与当代生态形象

中国传统思想中的“天人合一”理念，深入探讨了人类与自然环境之间的伦理联系。中华文化的核心之一便是尊崇自然，蕴含了丰富的生态意识，并且彰显了对于人类活动中生态伦理的关注，强调自然界的健康状态及人与自然和谐相处的重要性。根据这一原则，人类的日常行为和生产活动应顺应自然界的持续变迁，寻求与自然界的和平共存，同时避免过度追求经济增长而导致的环保缺失和生态失衡问题，以此实现社会经济与自然环境的全方位协调及可持续进步。这种古老的思想与当今生态文明中提倡的动态均衡和统筹发展的理念相符，为现代生态文明建设奠定了文化和哲学基础。

二、中华优秀传统文化的功能

中华优秀传统文化获得了世界各地学者的高度赞誉。例如，日本前首相吉田茂曾经指出：“中华民族堪称‘东方最优秀的民族’，古中国的文明高度发达，对日本来说，学习中国文明是一份巨大的恩惠。”而在西方，启蒙时代的法国思想家狄德罗曾评价说：“中国因其悠久的历史、卓越的智慧、非凡的艺术成就以及其理性治国和哲学思想而受到全世界的认可，这使他们在诸多方面超越了亚洲的其他民族。”作为中华民族精神象征的中华优秀传统文化，集中体现了传统文化的精髓与核心价值，具备重要的时代意义，展示了强大的生命力、广泛的影响力及鲜活的魅力。直至今日，中华优秀传统文化仍旧在发挥其不可替代的作用。

（一）中华优秀传统文化在文化冲突中兼容并蓄

学者周东娜指出，作为整体文化的中华优秀传统文化，在包容性和延展性方面相较于同一时期的其他文化体系具有显著的影响力。中华传统文化的包容性贯穿了整个中国历史的发展过程，首先表现为对国内各种文化的兼容并蓄，例如，战国时期的“百家争鸣”，以及汉代在“独尊儒术”口号下对多家学说的综合吸收，这些都是包容性与延展性发展的早期例证。其次，这种包容性还体现在对外来异质文化的接纳与借鉴上，如印度佛教传入中国后发展为具有中国特色的禅宗，基督教在中国传播时也经历了文化上的适应与改造，这些都显示了中华传统文化对域外文化同样具备包容性和延展性。直至今日，中华优秀传统文化依旧保持着吸纳外来优秀文化的能力，体现了其宽广包容的特质。

（二）中华优秀传统文化在吐故纳新中自我进化

在全球文明的演进过程中，四大古文明中唯有中华文明绵延不绝，延续至今，而其他三种文明或因衰落，或因中断，逐渐湮没于历史的尘埃之中。中华文明不仅历经千年而存续，而且依然充满活力，展现出强大的生命力。这一点很大程度上得益于中华文明自身所具备的自我革新、灵活应变及包容万象的特性。中华优秀传统文化在这方面发挥了重要作用，如《周易》中提到的“地势坤，君子以厚德载物”，强调君子应具备大地般广阔的胸怀来包容一切；南宋学者朱熹的诗句“问渠哪得清如许？为有源头活水来”也表达了同样的意思。此外，诸如“海纳百川，有容乃大”“生生不息”等话语，都是中国人世代相传的名言，它们传达了中华优秀传统文化多元包容、兼收并蓄、持续革新的价值理念。这些理念正是中华优秀传统文化的核心所在，赋予了它旺盛的生命力，使其既能继承传统精髓，又能吸收新的元素，始终保持勃勃生机。

（三）中华优秀传统文化崇尚与自然和谐相处

数千年来，中华传统文化始终把人与自然和谐共存视为核心价值之一。古代的思想家们将天地间的所有事物看作是一个相互联系的有机整体，认为唯有在和谐状态下，万物才能够持续地繁衍和发展。无论是儒家、佛家还是道家，都共同强调了人与自然和谐共融的理念。他们主张人与自然界的万事万物同根同源，形成一个不可分割的整体，并且彼此间应当是平等共存的关系。儒家思想强调了人如何定位自己在天地间的位置，并倡导通过人的自觉行动来与自然法则相协调。佛教中的“天人合一”则表达了世间所有存在都在不断变化中互相支持，体现了一种共生共荣的世界观。而在道教传统中，“天人合一”的观念更是强调了人与自然之间的有机融合及其相互平等的关系。

（四）中华优秀传统文化塑造中华民族品格

作为世界上最为古老的文明之一，中华文化历经数千年，一直在塑造和影响着民众的心理与行为。中华优秀传统文化源于五千年的文明历程，积累了深厚的文化底蕴。正因为中华优秀传统文化的熏陶，中华民族在思想、信仰及行为模式上与世界上其他民族有所不同，形成了以仁爱礼让为特点的社会风气，孕育了诸如王泰让枣、孔融让梨、孝子卧冰求鲤等流传千古的故事；培养了诚实守信的道德品质，涌现了公沙穆卖猪不欺暗、管仲与鲍叔牙之间的深厚友谊、范式守信用、商鞅立木取信于民、季札挂剑等诚信典范；塑造了在逆境中坚守节操、严格自律的品格特征，诞生了“瘦羊博士”甄宇、忍辱负重卧薪尝胆的越王勾践、遭受刖刑后仍著成《孙膑兵法》的孙膑、经历宫刑后完成巨著《史记》的司马迁等激励人心的历史人物。这些在中华优秀传统文化滋养下形成的民族品格，对新时代的中华儿女同样具有深远的影响。在几千年的文化熏陶下，那些热爱祖国、热爱人民、心胸开阔、甘愿奉献、守信践诺的英雄模范，正是当代中华民族品格的光辉典范。

（五）中华优秀传统文化助力文化自信

在五千年的历史长河中，中华民族创造了独特的文字体系，形成了富有特色的语言，积累了浩瀚的文献典籍，建立了深刻的伦理体系，并发展了丰富多彩的艺术形式，这一切共同构成了中华传统文化的核心内容。在世界历史的大部分时间里，中华文化曾处于领先地位，对世界各地尤其是邻近国家的物质生产和精神文明产生了深远的影响，为全人类的进步做出了重要贡献。可以说，中华优秀传统文化不仅是中华民族自豪感的重要来源，也是当代中国人民文化自信的重要根基。

（六）中华优秀传统文化助推人类和平共处

张立文教授指出，在现代社会中，人类面临五大主要冲突：人与自然、人与社会、人与人、人与自我心灵及不同文明之间的矛盾。这些冲突引发了生态、社会、道德、精神及价值五大危机，时刻影响着我们每个人和社会的整体发展。面对这些问题，在西方文化中几乎难以找到解决方案，因为西方文化更多关注个人需求与发展，较少探讨国家利益和社会的整体进步。相反，中华传统文化在这方面提供了宝贵的参考与启示，为我们解开这些难题提供了“钥匙”。中华优秀传统文化把“和谐”作为理想境界，追求真善美的生活境界，关注国家的命运、个人的品德修养、人生的价值与意义，并致力于培育公民的家国情怀。正如学者孙家正所言："文化看似无力，实则坚韧。当历史的尘埃落定，许多曾经喧嚣一时的事物都将随风而去，唯有优秀的文化能够长久留存于世。"中华优秀传统文化滋养了一代又一代中华儿女。

传统文化是国家和民族的支柱，是其发展的灵魂，因此在物质丰富和社会进步的过程中，不应忽视中华传统文化的支持与滋养作用。中华优秀传统文化凝聚了中华民族追求万物一体、和谐共生的精神，蕴含着经久不衰的精神财富，为人们提供思想上的启示和心灵上的慰藉，倡导人与自然、人与社会、人与人、人与自我及不同文明之间的和平共处与共同发展。这是构建人类命运共同体的坚实文化根基。

三、中华优秀传统文化的演进

（一）中华优秀传统文化的演进路径

中华优秀传统文化在其五千年的演进历程中，始终遵循自然规律，伴随技术进步和社会文明的发展而不断前进。在人类活动中，它始终发挥着积极、正面和健康的作用，持续促进着人类社会的进步。这一文化体系如同自然系统一般，经历了一个从低级到高级、从简单到复杂的进化过程，展现出强大的生命力，并符合自然发展的规律，是一个随着社会、生产力和技术进步而不断完善的文化体系。

1. 沿着自然规律演进

根据《现代汉语词典》的定义，"自然规律"指的是"存在于自然界的客观事物内部的规律"，即物质运动所固有的、本质的、稳定的联系，这些规律具有不以人的意志为转移的客观性，无法被人为改变、创造或消灭，但可以被人类所利用。人类社会作为自然界的产物，同样遵循这一原则。从最初的小型生物群体发展到如今庞大的社会群体，人类的集体行为必然适应了地球的运作规律。人类行为的规范依赖于文化，而文化的强大生命力则来源于遵循自然规律的演进。

中华优秀传统文化具备一种独特的能力，通过其萌芽、发展、兴盛、衰落再到复兴的循环过程，展现了在"天人观"中，人类与自然系统之间的互动与适应。这包括个人修养、群体行为规范、多个群体间的关系（如民族、文化与文明之间的互动），以及人类如何利用自然资源，如获取、耕种、中医药学等方面，都是基于符合"天人观"的行为准则而发展起来的技术智慧与文化精髓。尤其值得一提的是，中华民族在与自然系统相互作用的能力及其应用程度上，充分体现了"天人合一"的自觉与自律。例如，在中医药学中，强调人体作为一个小系统，需要与赖以生存的自然大系统保持高度协调，包括日常生活中的作息、饮食、锻炼和劳动，以及整个生命周期中的健康管理。中医采用天然药物和物理疗法来调节体内平衡及人体与外部环境的平衡，以此来防治疾病、促进健康。在中华民族的历史进程中，先民们运用这一理念有效预防了大规模疫情的发生，保护了中华民族免遭类似中世纪欧洲黑死病那样的致命传染病所带来的毁灭性打击。此外，我们的祖先通过合理利用土地、水源和气候条件，发展出了诸如梯田、桑基鱼塘等耕作技术，这不仅保证了自然资源的可持续利用，确保了土地持续产出粮食，同时也满足了当时人们对食物的基本需求。在生产和生活中形成的勤俭节约、反对奢华浪费的思想，成为影响中华民族行为的基本文化内涵，从根本上遏制了因贪婪导致的对自然资源无度索取及人与自然关系的恶化。反之，不尊重自然规律，不顾自然法则行事，甚至利用先进的科学技术放纵无尽的物质欲望，往往会引发战争、自然灾害、资源枯竭、经济危机等灾难，这也是导致某些民族文化断裂甚至消失的重要因素。在数千年的生存与发展过程中，中华文化在跨越不同文化、民族、地域和技术阶段的发展中，始终遵循自然规律的约束，不断获得发展的动力，这也深刻地证明了中华优秀传统文化是顺应自然规律而充满活力地演进与发展。

2. 沿着技术进步演进

从宏观视角来看，技术进步大致经历了渔猎文明、农耕文明、工业文明及数字文明这几个阶段。每当技术发展迈向更高层次时，如果相应文化也能随之进化，那么这种文化就能延续并发展；反之，如果不能适应变化，则可能会被淘汰。这意味着，只要一个文化体系能够跟随技术的步伐共同演进，并且其内在核心能够支撑技术进步并推动社会文明，那么这个文化体系就能够被传承并发扬光大。中华优秀传统文化正是因为拥有与技术进步同步演化的自然属性，所以能够代代相传，五千年来未曾中断。

在中华文明的发展历程中，人类从渔猎文明过渡到了农耕文明，由个体或小团体的渔猎活动转变为大规模的农业生产，创造了辉煌的农业技术文明。与此同时，中华文化也从原始部落的渔歌、狩猎舞蹈、占卜仪式和祭祀活动演进到了诸子百家争鸣，并最终形成了以儒家文化为核心的中华民族共同体文化。在这个过程中，中华优秀传统文化不仅在各民族之间传播，形成了共同的文化认同，还在跨越地域的空间传播中，铸就了中华民族共有的广域文化。可以说，中华优秀传统文化伴随着人类技术进步而生根、成长并成熟，具备了与技术进步同步发展的天然特性。同时，这些源自人类实践活动的经验总结与理性提升，也成为指导人类行为和引领人类前行的理性灯塔。在农耕文明的晚期，西方凭借工业文明的先进技术和军事力量，对中华农耕文明和中华文化造成了强烈冲击，中华民族经历了长达百年的屈辱与灾难。然而，由于中华优秀传统文化内蕴着自强不息、艰苦奋斗、包容并蓄和吐故纳新的精神，加之“理性”“德性”“悟性”赋予了中华文化独有的开放性、包容性及超强的融合同化能力，中华民族仅用百余年的时间就化解了西方列强带来的冲击，并在接下来的几十年里，迅速跨越了西方历经三百年才完成的工业化进程。在这个过程中，中华优秀传统文化摒弃了不适合工业文明发展的陈旧成分，吸收并融合了科学的思想文化，从农耕文明转型为全新的工业文明形态。

3. 沿着社会文明进步演进

“文明 = 某种文化的核心要素 + 人类的组织与行为方式 + 人类对自然界的影响力 + 人类对自己行为的管理与控制能力”，按照这一框架，时代文明得以具体显现。因此，作为中华文化核心的中华优秀传统文化，能够适应不同时代文明的核心内容。中华文化随着社会文明的进步而演进，其实质是沿着各个文明阶段适应新的生产力和生产关系的过程发展而来，从而形成了中华文化特有的渔猎文明、农耕文明、工业文明乃至未来的数字文明等多种文明形态。

从内容角度来看，“中华优秀传统文化以儒家和道家文化为主干，涵盖了个人修身文化、人际交往文化、治国理政文化、和谐文化及生态文化五个方面，形成了深厚的文化积淀”。在个人修养方面，强调“慎独”的自我约束；在人际关系方面，提倡“君子之交淡如水”及“己所不欲，勿施于人”的交往准则；在国家治理方面，重视“民为邦本”的理念；在社会和谐层面，则推崇“和而不同”与“天下大同”的精神；至于生态保护，则主张“天人合一”及“阴阳平衡”。这些理念理想化地解决了个体成长、人际互动、社会治理、国家管理以及人与自然之间的关系，全面应对了人类社会发展中面临的各类问题。特别值得一提的是，和谐文化体现了中华民族追求的理想境界，蕴含着民族的凝聚力和创造力。和谐文化是中华文明的重要组成部分，在现代社会依然具有普遍适用的价值，并且跨越了国界、民族和种族的限制。尽管中华文化在与外来文化的互动中经历了无数次的碰撞与融合，但其核心价值从未动摇，反而在汲取了多种文化精髓之后变得更加牢固，并焕发出新的活力。这正是中华优秀传统文化中最宝贵的精华所在，也是贯穿始终的一条主线。

从地理分布来看，中华优秀传统文化主要源于黄河与长江两大流域，并向东延伸至海岸线，向西覆盖至高原地带，向北抵达沙漠边缘，向南触及岛屿群落，最终形成了中国特有的文化版图。在这个过程中，核心区域与周边地区的各民族进行了广泛的交流与融合，使得游牧民族的生活习俗、军事技能及边境地区的特色产品等元素逐步渗透到中原文化中，为中原文化的自我更新和发展注入了新的活力。总体而言，中华优秀传统文化在世界历史上长期处于领先地位，并对全世界产生了深远影响，显示出地域上的连续性和稳定性。尽管中国历史上经历过战乱与分裂，但大部分时间里国家保持着统一的局面，这为中华优秀传统文化的持续发展与传播提供了有利条件。关于这一点，英国历史学家汤因比和日本学者池田大作的对话集《展望 21 世纪》中有这样的评论："中国人比世界任何其他民族都成功地把几亿民众从政治上、文化上团结起来。他们显示出这种政治上、文化上统一的本领，具有无与伦比的成功经验。"

4. 伴随互联网技术与数字时代的发展演进

当我们即将步入数字时代的时候，"互联网 + 中华优秀传统文化"创新发展同互联网技术与数字时代的发展具有极高的伴随性，大致会经历两个发展阶段。

第一阶段："互联网 + 中华优秀传统文化"催生了网络时代的中华优秀文化和文明。随着互联网技术的不断进步与成熟，它打破了时间和空间的界限，为人们搭建起一条无形的信息通道，自然而然地成为了传播优秀文化的重要平台。利用互联网，可以更高效、更广泛地传播中华优秀传统文化及当代中国的文化创新成果，使世界更加多元化地认识中华优秀传统文化的内涵与精髓。这不仅促进了中华优秀文化成果走向国际，还形成了互联网时代的中华优秀文化，展示了中国的文化自信。

第二阶段："数字时代 + 中华优秀传统文化"促成了数字时代的中华优秀文化和文明。数字时代是以数字技术为基本要素构建的社会结构阶段。随着数字时代的到来，中华优秀传统文化的传播获得了强有力的技术支持，传播方式得到了优化。例如，在展示最新的文化成果时，可以运用虚拟现实技术（VR）、增强现实技术（AR）等手段创建真实的、实时的三维虚拟场景，这将在扩大受众覆盖面、增强传播效果及提升内容传播的深度和广度方面产生前所未有的影响。然而，值得注意的是，在数字时代背景下传播中华优秀传统文化时，由于技术元素的比重增加，可能会出现文化价值被削弱的风险，这是我们应当尽力避免的情况。在未来的数字时代发展中，中华文化的主流价值观不能偏离方向。正如习近平总书记所强调的，"中华优秀传统文化是中华民族的精神命脉"。无论技术如何进步，我们都必须坚持中华优秀传统文化的核心价值，不能本末倒置。进入数字时代后，通过"数字时代 + 中华优秀传统文化"的模式创造性地传承与创新中华优秀传统文化，将逐步形成适应数字时代的中华优秀文化和文明。这是我们传承与创新中华优秀传统文化的价值追求和目标所在。

（二）中华优秀传统文化演进中的三个重要历史阶段

1. 百家争鸣奠定了中华优秀传统文化的坚实基础

百家争鸣是指在春秋时期（公元前 770 年至前 476 年）和战国时期（公元前 475 年至前 221 年）之间，不同思想流派的兴起与发展及其相互之间的辩论现象。

这一时期，各学派的思想精华与观点相互交融，形成了诸子百家的学术体系，奠定了中国两千多年封建社会的思想基础，并成为中国古代思想文化发展的基石，被誉为思想文化发展史上的奠基阶段和黄金时代。这一时期不仅为中国后世留下了丰富的文化遗产，对中华民族产生了深远的影响，开启了中国古代思想文化发展的路径，同时也为世界文化的进步作出了贡献。

2. 儒、释、道融会时期构造了自治的文化体系

从两汉时期到近代，以儒家思想为主体的中华传统文化之所以能够延续数千年而不衰，创造出世界文化史上的奇迹，很大程度上是因为这种文化内部存在着儒、释、道三家相互渗透、互补的格局，它们在动态平衡中共同构成了中华传统文化的自洽体系。中华传统文化内容丰富，几乎涵盖了社会生活的各个方面。经过数千年不同文化体系之间的冲突、竞争与融合，最终形成了以儒家为主导，佛教与道家辅助的传统文化架构，三者之间相互补充，不断趋于完善。儒、释、道这三个不同的文化体系，在魏晋南北朝时期开始寻求共同点，在隋唐时期实现了交汇融合，在宋元时期又经历了创新阶段。通过扬弃各自不足之处，三家实现了理论上的互动，在充实和提升各自体系的基础上，达到了“三元合一”的创新局面，构建起了稳定的文化结构，从而将中国思想文化的发展推向了新的高度。

3. 技术代差和东西方文化冲突时期的蜕变

1840 年，中国在西方列强的军事压力下被迫对外开放，遭受了几乎全部帝国主义国家的侵略。当时，西方国家已经步入工业时代，而中国依旧是一个以农耕为主的农业文明国家。这种技术差距所带来的东西方文化冲突，实际上就是工业文明对农业文明的冲击。西方文化在这个时期主要由带有游牧文化、城堡文化、大航海文化及早期工业文化的元素构成，这些元素至今仍是西方“优秀”传统文化的核心内容。西方列强凭借先进的工业生产力和军事力量闯入中国这片肥沃的土地，对中国的农业文明造成了巨大冲击和破坏，给中华民族带来了长达百年的苦难。然而，这种技术差距并不能证明西方文化的优越性和合理性。实际上，当中华优秀传统文化早已超越了“丛林法则”，以人类共同繁荣的视角看待世界时，西方文明在某些方面仍未能摆脱丛林法则的影响；当中国早在两千多年前的秦始皇时代便实现了“书同文、车同轨、度同制、形同伦、地同域”的“大一统”局面时，西方的一些地区至今在经济、政治和文化上仍未能实现全面整合。这揭示了西方核心文化的先天性缺陷。

近百年来，在中国共产党的领导下，中华优秀传统文化再次以兼收并蓄的胸怀融合人类文明之精华，扬弃人类文化之糟粕，取得了更加优秀的文化成果。从“民本思想”到“为人民服务”，从“天人合一”到“绿水青山就是金山银山”，从“天下大同”到“和平发展、合作共赢”再到“构建人类命运共同体”等，无

一不闪耀着中华优秀传统文化传承与创新的时代光芒。与此同时，一个璀璨的以中华优秀传统文化为内核，融合先进工业文明、科技文明的中华工业文明破茧而出。历史出奇一致，每一次中华文明被外来文化冲击，都会变得更加强大。近代历时百年的西方列强对中华民族的侵略凌辱，西方文化对中华文化的入侵，非但没有使中华民族灭亡，没有使中华文化断裂，反而使中华文明再一次融合了人类先进文明——工业文明，被西方文明奉为神明的物质探源与科学体系也从技术层面完善了儒学的格物致知体系，再一次完成了中华文化在东西方文化的碰触交融中的超越。这充分证明了中华文明的核心——中华优秀传统文化是中华文明之源、是先进文化创新之源，是中华民族实现伟大复兴的内在动力。

当前，面对现代化和全球化的文化挑战，中华民族正以更加开放的态度，继承中华优秀传统文化精髓，并吸收世界各国的先进文化成果，在新时代中国特色社会主义建设的过程中，不断创造出具有中国特色的新文化。

四、中华优秀传统文化对中华文明的贡献

中华文明自古以来便在传承与创新中不断发展，随着时代的演进而不断提升，积淀了中华民族最深层次的精神追求，为民族的延续与壮大提供了丰厚的养料。中华文化延续了民族的精神血脉，培养了独具特色与风貌的中华儿女，展现了中华民族的独特魅力。

（一）“贵和尚中”的理念引领创建和谐社会

“贵和尚中”是中华传统文化中的核心理念之一。“和”是中华传统文化的精髓所在，它强调不同事物之间的和谐、和睦与协调，并且还包括人与自然的和谐相处，即人类的行为应顺应自然的变化规律，实现人与自然的和谐共生。“礼之用，和为贵。先王之道，斯为美”“天时不如地利，地利不如人和”，这里的“和”指的是国家稳定发展的必要条件，因为政治和谐是国家安定的基础。为了实现“和”的状态，必须借助“尚中”的思想方法。“不偏之谓中，不易之为庸”，“中”不仅代表了一种至高的生活与道德境界，同时也是达到“得道多助”这一目标的途径和方法。中华文明秉持“贵和尚中”的理念，塑造了包容大度、厚德载物的为人处事品格，这同样是当今构建和谐社会的理论根基。

（二）“和而不同”的思想推动不同文明的交流互鉴

“万物并育而不相害，道并行而不相悖”体现了中华文化中“和而不同”的基本原则。每一种文化和文明都是一个国家和民族历史记忆的结晶，承载着独特的民族性格与文化特质，是在特定的自然环境、生活习惯与民族传统中孕育而来的。它们传承至今，反映了各自国家和民族独有的生产生活方式，并在此基础上

不断演化出新的文化形态。“和而不同”意味着在遵循整体发展方向的同时，还需根据实际情况采取灵活措施；既要朝着全人类共同的目标努力，也要考虑到不同国家发展的特殊利益。在中华文明的发展过程中，不仅包含了汉民族文化，也融入了其他少数民族的文化精华。这种“和而不同”的理念，在对待其他文明时，体现为开放包容的态度，即“己欲立而立人，己欲达而达人”“己所不欲，勿施于人”的忠恕之道。然而，“和而不同”的前提是平等，每一种文明都是独一无二且不可替代的，不存在哪种文明绝对优于另一种的说法。每一种文明在其特定的历史背景下，发挥着其他文明无法替代的独特作用，承载着不可复制的历史记忆，共同彰显了文明的多样性。

中华文化并不认为国力强大的国家的文化就应独霸一方，因此反对将文明人为地分级排序，排斥任何形式的文化歧视和唯我独尊的观念。这是中华传统文化的基本原则之一。中华文明历史悠久，但世界各国各民族的文明各有其独特优势，不可相互替代。正因为不同文明各具特色，相互补充、相互促进，才成就了世界文明的多样性和丰富性。不同国家和不同民族的文明都有其历史根源和存在的价值，都应当受到尊重、珍视和传承，并且需要通过相互交流来共同进步。

（三）民本思想倡导以人为本

民本思想可以追溯到夏商周时期，《尚书·五子之歌》中最早提出了“民惟邦本，本固邦宁”的理念。西汉时期的政治思想家贾谊对此进行了系统的阐述，他深入分析了民众的重要性，并总结出国家的兴衰取决于人民的力量。《史记·郦生陆贾列传》中提到：“王者以民为天，而民以食为天”，这体现了对古代民本思想的高度认可。到了唐代，柳宗元在“民为本”的基础上进一步提出官吏应为百姓服务的观点，用现代的话来说，即官员应当作为人民的公仆，为公众谋福利。这是一种具体且具有创新性的见解，可以说是中国古代民本思想发展的一个高峰。在这一思想的指导下，普通百姓能够在一定程度上安居乐业，农业社会的生产力得以提高，从而造就了历史上政治清明、经济繁荣的时期，如汉代的“文景之治”、唐代的“贞观之治”及清代的“康乾盛世”等，这些时期至今仍被人们传颂。

在新民主主义革命时期，中国共产党依靠人民的力量取得了革命的胜利。自中国共产党成立以来，其宗旨中就体现了以人为本的思想，并在统一战线和武装斗争的实际行动中贯彻了民本理念。党紧密团结广大人民群众，赢得了新民主主义革命的成功。中华人民共和国成立后，中国共产党更加深刻地认识到人民群众是历史的创造者，是社会变革的决定性力量，是推动社会进步的动力源泉，并依靠和动员群众，取得了社会主义改革的成功和改革开放时期的诸多胜利，实现了中华民族的崛起和富裕。在未来的发展道路上，民本思想仍将是中国实现伟大复兴、迈向中国梦的重要思想支撑。

在中华民族伟大复兴的历史进程中，我们应当继续坚持以人为本的原则，落实“以人民为中心”的理念，依靠人民群众的力量来实现中华民族的伟大复兴。这标志着民本思想在中国特色社会主义道路上的新一轮实践。国家承诺“在通往富裕强大的道路上不落下任何一个人”，这不仅是党和国家对人民的承诺，也是对中华优秀传统文化中重视民生、以人为本思想的传承与创新，以及在实践中的具体体现。

（四）“天下大同”的理想指引构建中华民族共同体

中国古代儒家思想追求的最高社会理想便是“天下大同”。这一理念不仅是人类社会发展的理想状态，也是人们对美好生活的向往。《礼记·礼运》中的大同篇对这种理想社会进行了详细的描述：“大道之行也，天下为公，选贤与能，讲信修睦。故人不独亲其亲……是故谋闭而不兴，盗窃乱贼而不作。故外户而不闭，是谓大同。”“天下大同”实际上代表着儒家“仁”学思想的最高境界与终极目标，是“仁”学思想与社会实践完美结合的表现形式。在中华传统文化中，“天下”的概念与今天的“世界”相似。为了实现“天下大同”的人文理想，中华民族的先辈们不断追求并付出了巨大努力。从秦汉时期儒家开始阐述大同思想，到南宋康与之设想的“计口授田”以实现财富平均分配的理想社会，再到太平天国时期洪秀全在《天朝田亩制度》中提出的“有田同耕，有饭同食，有衣同穿，有钱同使，无处不均匀，无人不饱暖”的社会蓝图，以及清末维新派康有为在《大同书》中提出的“人人相亲，人人平等，天下为公”的理想社会愿景，直至近代民主革命先驱孙中山提出“中国五大民族共同享有自由、平等、博爱”的思想，这些都体现了将传统的“天下大同”理念逐步扩展到中华民族共同体的过程。经过数千年的发展与实践，最终形成了中华民族共同体的思想。

中华民族共同体是在中国历史上一直存在的客观整体。实现“天下大同”的首要任务是促进中华民族共同体的繁荣与发展。这不仅是巩固中华民族共同体意识的坚实基础，也是中华优秀传统文化中“天下为公”理念在新时代中国特色社会主义下的具体展现。

五、中华优秀传统文化对人类文明的重要作用

中华传统文化主要以汉民族文化为基础，以黄河流域和长江流域为核心区域，以儒家文化为主线，并融合吸收了周边民族及国家的部分文化元素，经过长期的交流与融合逐步形成和发展起来。“中华核心思想文化的大致发展历程包括了先秦时期的百家争鸣、两汉时期的经学繁荣、魏晋南北朝时期的玄学风行、隋唐时期的儒释道三教并存以及宋明时期的理学发展等多个历史阶段”。在这些不

同的历史时期中，即便是经历了秦始皇时期的“焚书坑儒”、汉代的“罢黜百家，独尊儒术”及清朝的文字狱等事件，导致中华文化遭受了一定程度的破坏，但作为主流思想的儒家学说与其他学说始终处于既相互争论又逐渐融合、既彼此竞争又互相借鉴的状态之中。这一过程不仅构成了中华文明的重要组成部分，也对世界文化的发展产生了影响。

（一）中华优秀传统文化是中国文化走向世界的重要根基

中国文化走向世界是中国建设文化强国的关键指标之一，而中华优秀传统文化则是中国文化走向世界的重要基石。这一点主要体现在以下三个方面。首先，中华优秀传统文化是保持中华文化独特性、抵御西方文化冲击的精神支柱；其次，中华优秀传统文化历史悠久，对世界文明做出了巨大贡献，这为其他国家民众接受中国文化提供了心理认同的基础；最后，中华优秀传统文化为解决当今世界面临的复杂问题提供了有益的启示，因此在当代西方社会受到了重视与欢迎。文化的独特性是一个民族存在的显著标志。如果一个民族被迫接受强势国家的文化，失去了自身的文化特征，那么它将无法在世界上证明自己的存在价值。随着经济全球化的推进，特别是在互联网时代，各国之间的文化交流与互动在强度、广度和深度上不断增加。西方发达国家利用其经济、军事和技术方面的优势，大力推行文化扩张，试图影响不发达的国家和地区，推行所谓的“文化一体化”，力求实现全球文化的单一性。鉴于此，联合国教科文组织在2001年通过的《世界文化多样性宣言》中明确指出：“文化多样性是交流、创新和创作的源泉，对于人类而言，就像生物多样性对于生态平衡一样至关重要。从这个意义上讲，文化多样性是人类共同的遗产，应当为了当代和后代人的利益而得到认可和弘扬。”事实上，文化是依托于民族而存在的，民族的存续离不开文化的延续，文化的民族特性决定了全球文化无法像经济全球化那样走向一体化，而应展现出多样化的趋势。

面对经济全球化对民族文化带来的挑战，当代著名社会学家费孝通曾表示：“全球化潮流发端于西方世界，非西方世界在接受西方文化的同时，应当通过发扬自身的文化个性来对全球化潮流予以回应。”传统文化是保持文化民族性、推动文化多样性的基础，其内容及其历史演变共同构成了现代的中国文化。因此，中国文化走向世界自然包含了其精华部分——中华优秀传统文化的国际化。可以说，中华优秀传统文化是中国文化走向世界的重要根基。

（二）中华优秀传统文化是未来文明的发轫

习近平总书记曾指出：“中华优秀传统文化已经成为中华民族的基因，植根在中国人内心，潜移默化影响着中国人的思想方式和行为方式。”一个民族要走向世界，首先必须全面了解和认识自身文化，并在此基础上加以保护和弘扬，这样才能在全球化的背景下识别、吸收并融合其他民族的优秀文化。也就是说，本土化是国际化的基础，两者不是相互排斥的，而是相互支持、相得益彰的。

在互联网时代，全球文明秩序正处于重构之中，作为世界第二大经济体的中国，中华文明将在新的文明格局中扮演重要角色。作为中华文明集中体现的中华优秀传统文化，其作用不可或缺。它凝聚了中华文明五千年的思想精髓，提倡“君子和而不同”的社会观念、“己所不欲，勿施于人”的为人处世态度，弘扬“仁者爱人”的人格理念，展现了“吾将上下而求索”的探索精神。这些文化精髓能够为当代世界面临的文明冲突、种族分歧、经济不平衡等问题提供伦理和价值层面的解决思路。

当前的世界比以往任何时候都更加紧密相连，各国面临着诸多共同挑战。全球生态、资源分配、国际贸易及和平安全等问题，关系到全人类的共同命运，单靠一国之力难以解决，需要从人类的根本思维与行为模式中寻找答案。在世界各大文明中，唯有中国拥有深厚的“天下一家”“天人合一”及“天下大同”的理念。相比之下，西方思想家在考虑政治及人与自然的关系时，往往立足于本国利益，着眼于当前利益的最大化。而在中国，儒家士大夫秉持“天下兴亡，匹夫有责”和“天行有常，不为尧存，不为桀亡”的信念，这使得儒家思想在面对自然时表现出更强的自律精神，并怀有一种关怀天下的博大情怀。因此，在解决全球性问题时，中华传统文化提供的理念或许能够为人类带来新的启示。

在中华文明五千年的历史进程中，中华文化成功地解决了农业文明背景下优秀人格的塑造、人际关系的处理、人与自然的和谐共处及人类社会的协同发展等问题，有效应对了人类文明跨时代发展中的种种矛盾。在当今社会，人类对社会与自然界的影响力空前强大，这一思想文化体系依然具有现实意义，能够为解决大规模社会活动和自然活动中出现的各种矛盾提供一套完整的思想方法、理论框架、行为准则和解决方案，供全球各界人士参考与思考。实际上，中华文明从诸子百家争鸣到儒释道三家相互借鉴的漫长发展历程中，锤炼升华出了中华优秀传统文化，为当今多元文化世界向人类命运共同体迈进提供了宝贵的历史经验。中华民族共同体千年的辉煌成就，预示着人类命运共同体的美好前景，同时也展示了中华优秀传统文化这一深厚而广泛的智慧，将在开启人类新文明的过程中发挥巨大作用。因此，中华优秀传统文化以其包含的思想理念、人文精神、社会伦理和道德规范，为当今社会面临的各种问题提供了重要启示，成为解决未来文明时代各类社会问题的重要思想资源，是新文明的起点。

第二节　新时代中华优秀传统文化传承与创新的新要求

“不忘历史才能开辟未来，善于继承才能善于创新。”习近平总书记的这句话告诉我们，对于历史悠久且充满活力的中华优秀传统文化，既要传承也要创新，使之与时代同步，与社会发展同行，充分发挥其社会价值和时代价值。中华优秀传统文化是中华民族宝贵的精神财富，是凝聚民族力量的源泉，也是国家综合实力的重要组成部分。正如习近平总书记所强调的：“一个国家、一个民族的强盛，总是以文化兴盛为支撑的，中华民族伟大复兴需要以中华文化发展繁荣为条件。”由此可见，传承和弘扬中华优秀传统文化对于培育社会主义核心价值观、推进国家治理体系现代化、提升国家文化软实力、提高公民思想道德水平、增强中华民族自豪感、责任感及民族自尊心和自信心等方面具有极其重要的作用和显著的意义。

一、中华优秀传统文化的传承与创新将成为新时代人类的文明财富

中华优秀传统文化具有独特的价值，凭借其天下大同的发展理念、求同存异的处理方式、安民富民的人文精神及悲天悯人的情怀，在世界文明的历史进程中独树一帜。作为中华民族的宝贵精神财富，它为中华民族提供了丰富的精神滋养。

梁启超曾说：“凡一国之能立于世界，必有其国民独具之特质。上自道德、法律，下至风俗、习惯、文学、美术，皆有一种独立之精神。祖父传之，子孙继之，然后群乃结，国乃成。”共同的历史记忆与文化认同将我们的先辈凝聚成一个整体，深刻影响了中华民族每一位成员，成为中华民族共同的精神追求，并持续影响和推动中国历史的进程。实际上，中华优秀传统文化对世界的影响同样深远，已成为世界文化不可或缺的一部分，为人类文明的进步作出了积极贡献。许多有识之士认为，包括儒家思想在内的中华文化蕴含着解决当代人类面临难题的重要启示，因此，直至今日，国际上仍有众多学者致力于研究中华优秀传统文化的当代价值，希望从中找到解决人类共同问题的答案。

在与全球文化的互动与交流中，中华传统文化依靠其独特的吸引力和显著的特点，保持了长久的生命力与稳固的地位，并赢得了世界众多国家及其民众的认可。当前，全球文化格局呈现出了两个显著特点：一方面，不同思想文化的交流、融合与碰撞越来越频繁，文化实力在各国综合国力竞争中的战略地位日益突

出；另一方面，总体上“西方强势”的格局尚未有根本改变，作为最大的发展中国家，中国的国际地位仍需巩固，文化影响力也需要进一步提升。在构建国际话语权的过程中，文化的话语权和软实力起着关键作用。现在，随着世界对中国的关注度增加，这有助于加深国际社会对中国及其文化的认识，增强理解和接受度。当中华优秀传统文化被世界各国人民体验、感知、欣赏并接纳时，也就是中国文化得以广泛传播、中国精神得以弘扬、中国风采得以展现之时。

在五千年的文明历程中，中华优秀传统文化以其悠久的历史、宏大的规模和深厚的内涵，在人类文化史上绽放出耀眼的光芒。正如习近平总书记所指出的那样，传承中华优秀传统文化，要以古人的规则为基础，开创属于我们自己的新局面，实现中华文化的创造性转化与创新性发展。这意味着我们不仅要避免不加批判地继承传统，也不能盲目自大地排斥外来文化，而是要以“千淘万漉虽辛苦，吹尽狂沙始到金”的精神，跟随时代的步伐，辩证地取舍，将古代智慧与现代需求相结合，吸纳外来文化的精华，推陈出新，去除糟粕，保留精华，结合当前的时代背景进行创新性的继承，确保中华民族优秀的文化基因在传承过程中与当代社会发展紧密结合。这样做可以使中华优秀传统文化在当代焕发新生，让既根植于本国又面向全球的文化创新成果借助互联网广泛传播，让更多人听到、看到并感受到中华优秀传统文化的独特魅力。

二、中华优秀传统文化的传承与创新将成为推动科技进步的新动力

在当今社会，人类正处在一个科技迅猛发展、科技化程度不断提高的新时代。科学技术革命以前所未有的速度和规模推动着整个社会的快速进步。科技进步在促进社会经济快速增长的同时，也为人们的生活带来了前所未有的富裕与便利。然而，这也成为一些人满足个人不断增长的欲望、破坏人与自然平衡的工具。与此同时，随着现代科学技术的不断进步，中华优秀传统文化的传承与创新也面临着新的机遇与挑战。

（一）中华优秀传统文化与科学技术发展

科学技术作为第一生产力，它对社会经济基础产生深远影响，并进一步反映在上层建筑中的文化层面。同时，文化也会反过来作用于经济基础。中华优秀传统文化历经数千年的发展，对科学技术的促进作用不容忽视。在元明时期之前，中国的科学技术在世界上处于领先地位，众多发明创造在世界科技史上占有重要地位。中华传统文化中尊重自然、追求真理、自强不息、勇于探索创新的精神，是这些科技成就得以实现的重要因素。正如英国知名学者李约瑟所言，那时的中国“走在那些创造出著名的‘希腊奇迹’的传奇式人物的前面，和拥有古代西方世界全部文化财富的阿拉伯人并驾齐驱，并在公元 3 世纪到 13 世纪之间保持一

个西方望尘莫及的科学知识水平”。然而，进入明清时期后，由于封建专制政权的腐败、经济的衰退、社会制度的僵化、教育的落后及实验科学体系的薄弱，中国在科学技术领域远远落后于西方世界，整个社会普遍缺乏科学进取的精神。

自中华人民共和国成立以来，在中国共产党的领导下，中国人民以自力更生、奋勇争先的精神，将一个贫困落后的国家带入了工业文明时代。通过不断解放思想、实事求是、深化改革和勇于创新，中国人民从中华优秀传统文化中汲取了深厚的养分，为科技进步提供了强大动力，在许多领域尤其是高科技领域缩小了与发达国家的差距，甚至在某些方面取得了领先世界的科技成果。例如，中医中药是中华优秀传统文化中一颗璀璨的明珠。在传统中医文献《肘后备急方》的启发下，以屠呦呦为首的科研团队经过反复实验，在20世纪六七十年代利用低沸点溶剂成功提取了青蒿素，用于治疗对氯喹等抗疟药物产生抗性的疟疾。这一发现不仅惠及中国人民，也为越南、老挝、柬埔寨、缅甸、非洲等地的患者带来了福音。这一实例再次证明，中华优秀传统文化为科技进步提供了源源不断的动力，能够有力地支持科技的发展。

（二）科技创新丰富了中华优秀传统文化的内涵

我们不应以工业文明的标准来评判农业文明时期的中国科技水平，这样做是不合理的。在农业文明阶段，中国在历法、数学、水利、农艺、耕作技术、农作物加工、中医药、生育与人口管理等领域拥有世界上最先进的科学技术，而同一时期的西方国家在科技水平上则远远不及。可以说，那个时代的文化与生产力发展水平是相匹配的。学者岳敏指出：“封闭、自给自足的自然经济形成了中国特色的农耕文化和农耕文明。定居生产，男耕女织，规模小，分工简单，不用于商品交换，形成了中国人勤劳、保守、求稳的心态……反映在科学技术方面就使得整个社会缺乏向自然界和科学进军的一种不畏艰难险阻的动力。”尽管如此，中华文化和中国社会并未表现出对科学技术的轻视，而是在长期探索和未知的过程中，形成了“天行健，君子以自强不息；地势坤，君子以厚德载物”的自强不息、积极进取、勇于探索的科学精神，这些都是具有民族特色的文化品质。

在工业文明时代，中国共产党带领中国人民，仅用了数十年的时间，凭借不屈不挠、勇往直前、艰苦奋斗的精神，跨越了西方三百多年的工业化与科技进步历程。这表明中华民族拥有科技与创新的内在文化基因及驾驭其发展的智慧与能力。同时，这也表明在科技发展过程中，可以孕育出体现人类本质的精神文化，并促使与之相适应的中华优秀传统文化同步发展，丰富其文化内涵。因此，传承与创新中华优秀传统文化成为时代的需要和历史赋予的责任。只有这样，中华优秀传统文化才能在引导科技创新的同时，推动人类文明向更加进步的方向发展。

（三）中华优秀传统文化的传承与创新将推动科学技术进步

在现实生活中，科技进步引发了生活方式、消费模式和社会文化的变革。科技产品已成为现代社会不可或缺的一部分，并广泛应用于生活的各个领域。人们的衣食住行与科技发展水平息息相关。例如，网购、高速铁路、移动支付和共享单车被称为中国的“新四大发明”，极大地提升了中国人民生活的科技含量。同时，科技也在改变社会文化环境，对人们的思维结构产生影响，改变了人们的思考方式，拓展了认知领域。

当前时代是科学技术迅猛发展、社会繁荣昌盛的时代。随着科技对人类和自然的影响日益增强，如果文化发展滞后于科技进步，或者因文化道德的缺失导致科技这把双刃剑失去控制，那么科技对人类的正面影响可能就会被削弱甚至完全抵消，更严重的是，可能会加剧对人类和自然的负面影响。在这种情形下，核技术、基因工程、互联网、太空武器及人工智能等领域的技术进展都有可能给人类带来灾难性的后果。缺乏文化制约的科技进步容易失控，导致混乱，原本先进的技术也可能转变为摧毁人类社会的工具。多元文化的冲突引发社会动荡，再加上科技被用于破坏性目的，人类的进步将停滞不前甚至倒退。现实中，科技确实具有双重性质，但最终导致负面结果的关键不在于技术本身，而在于掌握科技的人类的道德水准和智慧。

在当前互联网时代，信息传播趋于扁平化，这容易导致现实中多元文化的频繁冲突，以及技术失去理性管控，甚至为满足人的欲望而无序扩张。面对这种情况，我们需要更加理性的行为和更高的人类智慧，以及优秀文化的引导与平衡。在世界各大文明体系中，唯有中华优秀传统文化具备这样的底蕴，能够为互联网时代的社会发展提供行为规范和道德支撑，并引导科技创新朝着有利于人类文明进步的方向发展。因此，我们应该在传承中华优秀传统文化的基础上弘扬科学理性与科学精神，促进中华优秀传统文化的创新发展，使其在新时代中焕发新的活力与光彩，成为推动科技进步的新动力。

三、中华优秀传统文化的传承与创新承载着民族复兴的历史重任

文化复兴的核心在于传承与创新中华优秀传统文化。其中蕴含的理念、意识、规范、精神和品质，承载了先人的思想精髓与智慧积累，不仅塑造了中华民族的价值观念和精神世界，也为当代中国人提供了精神滋养，展示了中国的力量与信心。在应对全球性挑战时，中华优秀传统文化同样能够提供宝贵的启示。通过尊重并复兴中华优秀传统文化，我们可以延续中华民族的历史血脉，守护民族的精神家园；可以继承先辈们的勤劳奋斗，支持当代华人的实践探索；可以全面展现中华儿女的不懈追求，满足他们的精神文化需求。特别是在进入社会主义新

时代的背景下，更要注重文化的继承与发展，而文化的发展在于新时代中华优秀传统文化的传承与创新。中华优秀传统文化不仅是先辈留下的文化遗产，也不只是现代繁荣的点缀，更是当代人民的精神寄托与民族文化创新的源泉。只有不断丰富其内涵，传承与创新，发扬光大，才能充分发挥其推动社会文明进步的作用。

当前，中华民族伟大复兴的中国梦展现出光明前景，中国人民从站起来、富起来到强起来，经历了近一个世纪的努力。今天，我们距离实现中华民族伟大复兴的目标比历史上任何时候都更近，也更有信心和能力达成这一目标。中华优秀传统文化的传承与创新肩负着民族复兴的历史使命。中华优秀传统文化不仅是我们的精神家园，为我们提供了发展的精神动力，也是我们最为深厚的软实力来源。传承与创新中华优秀传统文化，是时代赋予我们的历史责任，也是中华民族实现伟大复兴不可或缺的精神动力与支撑。

第三节　以数字技术推动中华优秀传统文化传承发展的路径选择

一、数字技术为中华优秀传统文化传承发展提供助力

数字技术是依托于新一代的信息通信技术和云计算，以数据作为关键要素，致力于推进数字化和智能化转型，并助力经济和社会领域的数字化升级，支撑数字经济健康发展及智慧城市构建的技术体系。随着互联网时代的到来，诸如大数据、5G、区块链及人工智能等数字技术得到了迅猛发展，这些技术对于中华优秀传统文化的创新与发展产生了日益显著的影响，同时也为传统文化的传承开辟了新的途径。借助数字平台的力量，数字科技的应用不仅激发了中华优秀传统文化保护者与广大公众的兴趣与参与度，还加强了他们之间的互动联系。同时，数字技术通过对文化资源的有效整合，加深了文化体系内部各领域间的协作关系，促进了跨界的协同工作，使不同的文化成果能够整合成具有新颖特性和表现形式的整体，从而实现传统文化在现代环境下的应用。另外，在各类数字化应用场景中，通过运用虚拟现实、数字智能交互及多模态感知等先进技术创建出了沉浸式的文化体验环境，这不仅革新了新时代下中华优秀传统文化的传承观念，还改变了文化传播的方式，为参与者提供了数字化的文化体验空间，达成了文化和数字技术的相互融合。

（一）释放主体性：有效联通传承者与受众

在数字平台的助力下，数字科技的应用极大地激发了中华优秀传统文化传承者与受众的能动性和创造性。传承者作为传统文化的守护者与内容创造者，可以通过数字平台提供的工具和技术，如图文发布、视频制作和直播等方式，有效地将传统文化内容传递给大众。同时，他们还可以利用像“今日头条”这样的新媒体平台，以及“传统文化素材库”中的数字素材，来进行更具吸引力的内容创作，提供给用户更具互动性和沉浸感的文化体验，从而更好地发挥科技在传统文化传播中的积极作用，吸引更多的关注者。对于受众而言，数字技术的进步改变了以往单向接受文化信息的方式。在当今的数字化互动环境中，受众成为了文化活动的积极参与者，他们不仅能够快速准确地接触到中华优秀传统文化资源，还能够参与到传统文化的数字化传承与创新之中。比如，在抖音、B站等平台上，年轻人通过用户生成内容（UGC）的方式与平台进行深入互动，不再仅仅是信息的被动接受者，而是积极投身于中华优秀传统文化内容的创作、分享与传播之中。这样，既扩大了传统文化传承的渠道，也消除了传统平台上传承者与受众之间的界限。

（二）资源高效整合：实现“古为今用”

数字技术在整合文化资源方面取得成功的关键，在于其深度应用所带来的高度关联性和跨界合作，这种特性极大提升了文化体系内各领域结构组合的灵活性。这样一来，不同的文化成果便能够结合成具有全新特征与表现形式的整体系统，进一步充实了其与现代人精神文化需求之间的联系内容和传播方式。尤其是随着社会“数字基础设施”的不断完善，数字技术有能力突破单一文化传播模式的限制，显著提高文化资源整合的效率与质量，让中华优秀传统文化的精神实质如同空气中的氧气一样，自然而然地融入人们日常生活的方方面面。

一方面，从提升传统文化吸引力的角度出发，数字技术为文化核心元素开辟了更多应用场景，通过动静结合的多元展示方式，将历史与现代、事件与哲理等内容生动展现，增强了受众与中华优秀传统文化之间的内在联系。例如，传统文学诗词中的思想精髓往往依赖具体情境来传达，需要体验者有“身临其境”的感受方能深刻领悟。而现在，借助先进的数字技术，创建高度互动的信息环境，不同背景和经历的受众之间的认知差异得以缩小。同时，通过使用先进的传感器技术和计算图形图像技术建立的多样的沉浸式体验模式，受众能够以自己熟悉的方式“进入”文化场景之中，成为文化叙述的一部分，从而使文化经典的表达方式变得更加多样化。因此，数字技术不仅缩短了传统经典与当代受众之间的理解差距，也为深化理解和建立深厚的文化认同提供了条件，成为传承中华优秀文化的有效工具。

另一方面，从提升中华优秀传统文化影响力的角度出发，数字技术凭借其视听效果的优势及多层次、全方位的传播模式，特别符合以“Z世代”为代表的年轻群体的认知习惯，进一步强化了传统文化对现代社会生活的指导意义。传承和发展中华优秀传统文化的根本目标在于丰富当代人的精神世界，增强他们应对现实挑战的能力。尤其对于青少年这一群体而言，数字技术的应用不仅仅是为了以引人入胜的形式激发他们对传统文化的兴趣，更重要的是通过技术手段引领正确的价值观，塑造良好的精神风貌，并切实满足他们的成长需求。因此，顺应新时代文化传播模式从“信息为中心”向“用户为中心”的转变趋势，数字技术通过对中华优秀传统文化中哲理思想的挖掘、整理及多渠道推广，使得其中的价值观和精神内涵能够持续地影响青少年的日常生活。这有助于青少年在学习、思考、体悟与实践的过程中不断进步，最终实现中华优秀文化资源的有效传播及其影响力的扩展。

由此可见，数字技术的应用不仅有效地促进了中华优秀传统文化与各个领域资源的高度整合，也为在更基础的层面上实现“古为今用”奠定了坚实的基础。数字化传承不仅提升了文化传播的效果，还显著降低了传播的成本，充分展示了其在提高传播效率方面的综合优势。

（三）营建体验空间：数字与文化“双向互嵌”

数字技术在现代应用场景中，不仅扩展了中华优秀传统文化的表现形式和传播路径，还促进了其发展理念的更新，创造出新的传承环境，使得传统文化在当代更易被大众接纳与喜爱。这一变化主要表现在两个方面。首先，通过大数据、云计算和人工智能等技术建立的虚拟数字环境，已经成为跨媒体叙事的重要载体。这些技术凭借其形象化、具体化、可感知的特点，在传承中华优秀传统文化时，能够消除传统文化与当代受众之间的审美差异和认知障碍，让复杂的传统文化内容在数字化的叙事框架中变得生动易懂，从而更好地推动传统文化的传播与发展。例如，中央电视台推出的《典籍里的中国》节目就运用了虚拟现实、实时追踪和全息投影等技术手段，重现了古代典籍的历史背景，通过舞台表演的方式实现了历史与现实的无缝衔接，构建了一种沉浸式的文化叙述空间，让观众在古今交融的氛围中深入理解和感受传统典籍所蕴含的民族文化精髓与价值。其次，数字技术正在逐步打破文化内容类型与表现形式之间的界限，通过创建新的数字化场景，赋予中华优秀传统文化创新的表现手法，并为受众提供互动式的沉浸体验。例如，中华民族博物馆利用3D数字技术对瓷器、名画等珍贵文物进行扫描，不仅让这些文物“活”了起来，还以新颖的方式展示出来，使公众能够在3D数字化环境中全方位、近距离地欣赏这些文物，从而获得前所未有的文化体验。

因此，在数字技术日益融入的背景下，中华优秀传统文化与数字化的结合得到了深化与发展。首先，作为技术和工具的数字化不断促进传统文化资源的转型与进步，为适应现代社会及未来社会多元化的集成模式提供了物质上的支持。其次，在数字化机制的作用下，中华优秀传统文化在融入数字化进程的同时，与之形成了相互嵌入的关系。这种模式下，中华优秀传统文化的精神内涵与价值观念能够在数据连接、创意转变及用户互动这三个核心环节中持续发挥主导作用，从而使数字技术的社会应用展现出中国特色。

二、数字技术推动中华优秀传统文化传承发展的路径选择

在数字技术的推动下，中华优秀传统文化的传承与发展得到了加速，然而，在这一进程中，我们也必须正视所遇到的挑战，并积极寻找解决方案，从而确保数字技术能够持续在传统文化的保护与创新中发挥积极作用。

（一）发挥大数据协同优势，打破“信息孤岛”

推动数字化发展在我国“十四五”规划期间的经济社会发展中占据着重要地位。借助大数据技术的支撑，建设国家传统文化资源的数字化平台体系，实现对中华优秀传统文化资源的系统整合，是促进传统文化传承与发展的关键步骤。

第一，为了持续改进中华优秀传统文化信息资源的收集、保存、整合与传播方式，有必要建立一个传统文化大数据资源共享平台，以此促进传统文化数字化成果的广泛传播与共享。2020 年 5 月，中央文化体制改革和发展工作领导小组发布的《关于做好国家文化大数据体系建设工作的通知》中，明确了构建此类平台的基本思路，并提出了建设中华民族文化基因库、中国文化遗产样本库、中华文化素材库及国家文化专网的具体要求。2022 年 6 月，为了落实国家的文化数字化战略，中国数字文化集团开始与国家文化专网对接，旨在建立底层关联体系，进一步完善国家文化大数据资源体系，特别是中华优秀传统文化大数据资源的建设，从而有效解决各地、各机构在文化传承与保护工作中出现的“信息孤岛”现象。展望未来，我国将通过出台一系列政策措施，强化数字化平台的体系建设，不断推进中华优秀传统文化资源数字化成果的整合与开放共享。

第二，鉴于众多大型数字平台公司表现出对建设中华优秀传统文化数字化体系及关联知识库的兴趣，我们应当倡导这些机构承担起更大的社会责任，积极创建共享平台，并参与到中华优秀传统文化的数字化记录工作中来。这样做不仅有利于整合各种资源，确保传统文化遗产得以数字化的形式长期保存并继续发扬光大，同时也能够为致力于传播中华优秀传统文化的个人或团体提供更多元化的创作材料。

第三，为更好地传承和发展中华优秀传统文化，应当依据市场需求，促进文

化资源在不同区域间的协作与交流，进而有效利用这些宝贵的文化遗产。例如，在2022年8月，文化大数据交易中心启动了试运行阶段，这为中华优秀传统文化资源的供需匹配创造了更佳的平台。展望未来，我们应当进一步推进文化资源跨地区交易与合作，努力建设一个全面且灵活的中华优秀传统文化数据库，以此来支撑文化资源的研究、整合、保存、共享及传播工作。

（二）深挖中华优秀传统文化内涵，彰显当代文化特质

在传承中华优秀传统文化的过程中，不仅要依靠数字技术的助力，还要重视文化内涵的挖掘与创新。数字技术作为传播的重要手段，提升了文化传播的广度，而深刻的文化内涵则是保证传播质量的关键。应当提取传统文化中的美学精髓，并将其与现代文化相融合。中华优秀传统文化因其悠久的历史、丰富的内涵、多样的形式和无穷的魅力而备受推崇。因此，数字平台应该采用受众喜闻乐见的形式，发掘传统文化中积极向上、适合数字化呈现的元素，以促进中华优秀传统文化在当代社会的价值传播。例如，像抖音和B站这样的数字娱乐平台，可以通过围绕“中国节日”这一主题，邀请和鼓励平台上的传统文化传承人共同创作系列化的数字媒体内容。在这些作品中，可以融入如戏曲、美食、古典舞蹈等传统民俗元素，同时也可以加入深受年轻人喜爱的古风服装、二次元文化等时尚元素，以此来展示中国传统节日背后深厚的历史人文价值。

（三）多模态化全景呈现，延伸文化意义空间

不论是在线数字平台还是实体空间中的数字化应用，新型的数字技术都能够创造出更加鲜活、真实且多层次的虚拟环境，从而为用户提供更加优质的沉浸式互动体验。

在当今数字技术蓬勃发展的背景下，采用多模态的方式展现传统文化，已经成为了一种新的趋势，这对于传承和发展传统文化具有重要意义。为了有效地推进这一趋势，我们需要从两个层面努力。一方面，我们必须不断强化文化数据资源的建设，包括基础设施建设和体验场景的设计，并且增加对诸如智能视听技术和智能控制系统等现代数字技术的应用，这样可以在网络平台上更全面地重现和展示中华优秀传统文化的魅力。另一方面，我们应该充分利用数字技术，创造出近乎真实的虚拟环境，以此来拓宽传统文化传播的时间和空间界限。举例来说，腾讯推出的“国宝全球数字博物馆”小程序，通过运用智能视听技术和高清晰度图像拼接技术，成功在线上展示了超过300件来自海外博物馆的中国文物。此项目借助多模态展示技术，打造了一个虚拟与现实相结合的数字化展览空间，不仅延伸了中华优秀传统文化的影响范围，还能够加深观众对于自身文化的归属感、认同感及自豪感。

在实际操作中，通过不断引入最新的数字技术，可以创建出更多层次、更具交互性的沉浸式体验环境，从而进一步拉近观众与传统文化的距离。例如，敦煌景区利用数字化技术处理壁画中的雕塑形象、文化意义及其历史背景，并结合虚拟现实（VR）、增强现实（AR）技术，以及5G、扩展现实（XR）和计算机视觉等前沿科技，使得敦煌壁画能够融入现代且互动性强的文化体验之中。通过构建集展示与参与于一体的体验场景，实现了数字领域与现实世界之间人物、物品与环境的融合共生及即时互动，让参观者能够在一个高度沉浸的环境中感受敦煌文化的深厚底蕴。类似地，“探元计划”是由腾讯研究院与清华大学文化创意发展研究院于2022年联合发起的一个项目，旨在探索科技在考古修复、知识图谱构建、数字文化创意产品开发及数字孪生等领域的应用潜力。该项目聚焦于文化内容，使用数据集成、模型改进、扩展现实（ER）、混合现实（MR）等新型数字技术，打造了更具交互性和沉浸感的数字化场景。这不仅促进了优秀传统文化传承方式的革新，还推动了传统文化在不同媒介间的转换，为用户提供了更为深刻的文化体验，进而助力中华优秀传统文化的传承与发展。

（四）推动数字文明建设，共同应对现实挑战

在推进中华民族伟大复兴的历史进程中，我们面临着一系列独特的挑战。随着中国在全球的地位不断提升，我们需建立一套新的交流体系，以便与其他文明体系展开平等对话，这一过程中可能会与西方现代文明产生交锋。在此背景下，如何凸显我们的主体意识和民族文化特色，并为构建人类命运共同体贡献出中国独有的智慧与解决方案，成为一个重要课题。这就要求我们从丰富的传统文化遗产中寻找启示。因此，我们需要站在人类命运共同体的角度，探讨数字技术与中华优秀传统文化之间的关系，利用中华优秀传统文化的价值导向来引领数字社会的治理体系重塑，解决数字技术应用中可能产生的道德滑坡和人文精神缺失的问题。通过在实践中的传承与发扬，中华优秀传统文化不仅能帮助我们增强国际影响力、号召力，还能提升国家的综合竞争力。

总体来看，我们需要以弘扬中华优秀传统文化的主体地位和彰显中华文化独特性为基础，在“创造性转化、创新性发展”的方针指引下，不断探索和创新，从而为中华优秀传统文化的现代化转型提供更加稳固的基石。尤其要重视将历史文化和现代文化成果广泛应用于实践，在相互交流中推动开放发展。具体而言，首要任务是增强自觉意识，拓宽中华优秀传统文化的传承路径，深化“中国特色与国际视野相结合”的理念，利用数字技术促进中华优秀传统文化资源符号系统的建设和国际传播，实现本土培养与全球推广的协调发展。针对全球数字文明建设中的核心议题，设立“公共议题”，并积极参与讨论，发出中国声音。其次，应以中华优秀传统文化融入数字技术创新、应用场景创新及治理规则创新为

重心，向国际社会展示具有中国特色的网络安全体系与治理模式，促进不同文明之间的交流互鉴，消除意识形态隔阂，弘扬全人类共同的价值观。此外，还需根据实际情况制定策略，循序渐进地推进中华优秀传统文化数字资源成为全球公共产品的进程，运用先进的数字技术和网络技术，积极“走出去”，并融入全球文化体系之中。

我国应充分发挥自身优势，将新兴技术与五千年的文化遗产深度融合，以创新思维拓展全球公共文化产品体系的建设与合作，塑造一个“亲切、值得尊敬、值得信赖、令人喜爱”的国家形象，进一步强化“负责任的社会主义东方大国”的定位。用具体行动来回答“中华优秀传统文化将如何发展”的时代课题，让数字技术成为推动新时代中华民族伟大复兴的重要力量。

第二章　中华优秀传统文化的发展现状

第一节　中华优秀传统文化在国内的发展概况

中华优秀传统文化的形成与发展，经历了漫长的历史阶段，不仅承载了民族的历史记忆，还锻造了中华民族的精神特质与性格特征。这一文化体系展现了中国人民共有的理想追求，体现了对世界、历史及人生的独特见解。作为支撑华夏文明历经五千年风雨而不衰的强大精神支柱，中华传统文化在维护民族特色、促进社会和谐稳定及推动文明持续进步方面，发挥着不可替代的作用。

一、中华优秀传统文化的创造性转化和创新性发展

在当今这个不断变革与调整的时代，依据马克思主义的指导思想，传承和发扬中华优秀传统文化中的哲学思想、人文精神、教育理念和道德观念，并将其与马克思主义理论相融合，使之适应当代实践和时代需求，这是我国社会发展的一种必然选择。所谓的创造性转化，指的是对那些至今仍具有借鉴意义的传统内容，赋予适应现代需求的新形式；而创新性发展，则是在原有传统文化基础上进行必要的补充、扩展与完善。在这个过程中，“转化”与“发展”都应依据新时代的特点和要求，遵循唯物史观的原则，植根于中国人民当前的伟大实践，为中华优秀传统文化的传承创新指明方向。因此，在对待中华优秀传统文化的态度上，必须坚持“双创”，即创造性转化与创新性发展的原则。

在推进“双创”的过程中，首要是要坚持基本的文化立场，这不仅保障了我们在意识形态和精神文化领域中的自主性，还增强了我们的文化自信。正如习近平总书记所指出的那样，中华优秀传统文化是我们在全球文化交流碰撞中保持坚定立场的基础。为了确保中华民族在未来的历史进程中能够稳步前行，我们必须夯实文化根基，保持民族文化特色。与此同时，我们也应当保持开放的态度，诚心诚意地学习其他民族文化的优点，但在学习的过程中，绝不能生搬硬套，而是应该根据当前的时代背景，汲取其他民族文化的精华，并在此基础上革新和发展中华

优秀传统文化，使之得以更好地传承与发展。

中华优秀传统文化中的精髓对提升民族素质和促进国家治理具有重要作用。就个体而言，这些传统文化中的思想精华有助于人们形成正确的世界观、人生观和价值观，为个人的社会行为提供精神上的指导。而对于国家领导人来说，这些传统文化中的智慧同样能为国家管理提供宝贵的启示。习近平总书记曾明确指出，中华优秀传统文化为中国特色社会主义制度和文化奠定了深厚的基石，并在国家治理中发挥了智库的作用。例如，《尚书》中的“民惟邦本”思想与习近平总书记提出的“以人民为中心”的理念相呼应；《诗经》中描述的理想生活“民亦劳止，汔可小康”与我国“决胜全面建成小康社会”的目标一致；《西铭》中提出的“天人合一”“民胞物与”的观念与“绿水青山就是金山银山”的现代环保理念相契合；《墨子》倡导的“兼相爱、交相利”思想也与我国推行的“互利互惠、合作共赢”的外交政策相匹配。这些重要的国家治理决策和策略，都是习近平总书记将传统文化精华通过“双创”原则进行现代化应用的具体实例，体现了中华文化从古至今的精神传承，展示了中华优秀传统文化在当代的价值所在。

中华优秀传统文化对于促进全球和平发展具有积极作用。在中华文化与世界各地文化的长期交流中，中华优秀传统文化以其“和谐”与“合作”的核心理念，有效地管理并调节了不同社会群体乃至国家间的关系，取得了显著成效，促进了中华文化的广泛传播，并在东亚地区如日本、朝鲜、韩国、越南、新加坡等地形成了影响深远的“中国文化圈”或称“儒家文化圈”。在建设社会主义现代化强国的过程中，中国继续秉持和平发展的道路，力求避免“修昔底德陷阱”，同时也倡导世界各国走和平发展的道路。面对当今世界不平衡发展加剧、贫富差距加大、物质追求过度、个人主义盛行、社会信任下降、道德规范缺失、环境状况恶化等一系列问题，若不加以妥善解决，将严重威胁人类赖以生存的和平环境，而没有和平，发展便无从谈起。中华优秀传统文化中蕴含的“和谐”与“合作”等思想，为解决当今世界面临的各种挑战提供了重要的思想源泉。在全球治理、国家间友好合作及共同寻求和平与发展的道路上，这些理念可以为国际社会提供中国式智慧与解决方案。因此，坚持“双创”（即创造性转化与创新性发展）原则，是实现这一目标的重要基石。

二、中国特色社会主义文化是传统文化的当代形态

首先，中国特色社会主义道路的形成，深深植根于中华民族悠久的历史传统、深厚的文化底蕴及独特的国情之中。任何现实现象都是历史演进的结果，如果忽视了中国的历史沿革，尤其是中国共产党成立以来的奋斗历程、中华人民共

和国成立的过程、改革开放的推进及社会主义发展的轨迹，就难以全面理解中国特色社会主义道路的合理性和必然性。科学社会主义作为一种崭新的理论体系，虽然其基础在于物质经济的实际状况，但也需要依托现有的思想资源。可以说，社会主义在中国的具体形态体现了中华民族五千年文明在当代的实际应用。作为一个拥有悠久历史的国度，中国被誉为“旧邦”，然而自中华人民共和国成立以来，中国的社会性质发生了根本性的变化。作为领导者的中国共产党肩负起新的历史使命，致力于实现中华民族的伟大复兴，这可以称为“新命”。中华民族的伟大复兴，其实质也包含了中华文化的复兴，但这并非简单地回归古代传统。正如习近平总书记在党的十九大报告中所指出：“中国特色社会主义文化，源自于中华民族五千多年文明历史所孕育的中华优秀传统文化，熔铸于党领导人民在革命、建设、改革中创造的革命文化和社会主义先进文化，植根于中国特色社会主义伟大实践。”这说明，中国特色社会主义文化与中华传统文化之间有着内在的联系。研究中华优秀传统文化在现代社会中的转化和发展，实际上是在探讨文化主体性的核心问题，即“我们是谁？我们从何而来？我们向何处去？”这种探索旨在从根本上解答文化身份的问题。

根据历史唯物主义的观点，社会存在决定社会意识，而非反之。这一基本原则对我们理解和实施“双创”至关重要。这意味着，在当代中国特色社会主义的框架内，我们应该重新审视传统文化，而不是用传统的模式来约束当代文化的发展，也不是简单地回到过去。中国共产党在承担新的历史使命时，既要以马克思主义为指导发展中国特色社会主义先进文化，又要保留和发扬中华民族的文化传统。一旦文化失去了民族特色，社会主义先进文化的建设就会失去其根基。正如毛泽东所言，我们承认马克思主义是一个正确的理论工具，但这并不意味着我们可以忽略中国的历史遗产。中国悠久的历史为我们留下了众多珍贵的文化财富，这些遗产需要被融入我们的文化体系中。这也表明，为了让马克思主义在中国生根发芽并获得公众的支持，必须将其与中华传统文化紧密结合。中国社会的特点及其民族特性，在很大程度上体现在中华传统文化之中，中华传统文化是中国社会存在的真实反映。因此，中华传统文化是中国社会不可或缺的一部分，不了解中华传统文化，就无法全面理解中国社会的真实面貌。实际上，自改革开放以来，中国的发展目标和发展理念，例如，全面建设小康社会、坚持以人民为中心、构建社会主义和谐社会，以及在国际层面提出的和谐世界、人类命运共同体等概念，都蕴含了中华传统文化中的“小康社会”“民为贵，社稷次之，君为轻”“大同社会”“和而不同”等思想精华，体现了中华文明的精神实质。

其次，中国特色社会主义文化是中华传统文化在当代的继承与发展，同时也是对传统文化的一种创新。简言之，中国特色社会主义文化是一种符合中国国情、具备社会主义意识形态特性的文化形态，它是相对于经济和政治而言的精神领域的总和，涵盖了所有精神活动及其物质成果中的精神要素。习近平总书记对中国特色社会主义文化的阐述，一方面从正面强调了文化的核心作用，即“人化”的过程，旨在通过文化培育人的精神境界，提升人的综合素质。他指出，文化的功能在于陶冶人的心灵、培养人的品格，“让人们在持续的以文化人中提升素养”。这里的“人”是指社会主义中国的全体公民，而“心灵”与“品格”则指的是社会主义和共产主义的理想信念与道德品质。另一方面，习近平总书记从侧面描述了中国特色社会主义文化的地位，将其纳入“五位一体”总体布局之中，与经济、政治、社会、生态等并列，这不仅明确了“文化”概念的范畴，也彰显了其在中国特色社会主义框架内的独特性质。在党的十九大报告中，习近平总书记对新时代文化的历史渊源与结构进行了系统的总结，科学地界定了中国特色社会主义文化的内涵，并明确了文化发展的原则与方向。

中国社会经历了根本性的变革，这标志着社会主义制度的确立，并与持续了两千多年的封建体制形成强烈对比。社会主义制度实现了对旧有封建体系的全面超越，推动了社会结构的深度改革。显然，这样的社会转型离不开革命理论的指导。在中华传统文化中，特别是以儒家思想为主体的部分，其主要功能在于维护既有的社会秩序，防止礼制的瓦解，进而阻止革命的发生。特别是在近代，中国面临着内外交迫的局面，国家处于生死存亡的关键时刻，儒家文化尽管强调“仁”与“和”的核心价值，但在理解和应对现实挑战上显得无能为力，不能满足时代的需求。社会制度的危机同时也反映了以儒学为代表的传统文化所面临的困境。

中国共产党对于中华民族的历史进程有着重大贡献，其中之一就是使中国人民获得了真正的尊严，并引领了社会形态的革新。这样的历史转折点，其背后的理论支撑是马克思主义这一具有革命性的思想体系。当中国面临生死存亡之时，正是马克思主义为中国共产党提供了一种世界观和方法论，指引了无产阶级革命及阶级斗争的方向。这种以斗争精神为核心，以革命为前进动力的文化体系，与中国传统的文化观念存在本质上的区别，催生了一种敢于面对冲突、坚定信念的社会主义革命文化，从而实现了对旧有观念的超越。

中华人民共和国成立后，历经数十年的探索与实践，中国共产党逐步构建起了中国特色社会主义的道路、理论、制度及文化方面的自信。可以明确的是，马克思主义帮助中国人民摆脱了民族危机，依据马克思主义的基本原则与方法论，我们逐渐认识到社会主义初级阶段的主要矛盾，并探索出一条适合中国国情的发展道路。因此，要推进中国特色社会主义建设，就必须坚持马克思主义的指导地位。在当前中国特色社会主义步入新时代，全球正处于前所未有的大变革之中，中华民族的伟大复兴迎来关键时刻的背景下，一方面，我们要继续发扬敢于斗争、敢于坚守的革命精神；另一方面，在中国日益崛起的过程中，还需要在马克思主义理论框架下，发掘和运用中华优秀传统文化资源，传承和发展这些文化精华，正确处理马克思主义与中华优秀传统文化的关系。只有这样，才能更好地保证中华文化的创新能力和主体地位，进一步夯实文化自信。

经济基础决定了上层建筑的形式，因此中国特色社会主义制度的确立要求有与之相匹配的上层建筑。在现代社会中，构建先进的文化实际上意味着推进中国特色社会主义文化的建设。从上层建筑对经济基础的作用，或是从文化自身的独立性来看，每一种文化的发展都是基于历史的积累，是历史传承与现代创新相结合的过程，这构成了文化演进的基本法则。因此，无论是回顾历史，还是着眼于当前的实际需求，中国特色社会主义制度的进步和完善都是在传统继承中不断融入新元素的结果。为了实现中华民族的伟大复兴，不断推进社会主义现代化强国的建设，我们必须保持一种积极向上的态度。既要坚守并弘扬优良传统，同时也要积极借鉴世界其他民族文化的有益成果。换句话说，就是根据新时代的发展要求，在传承传统文化精髓的同时，还要具备开放包容的心态，面向世界，通过创造性转化和创新性发展的“双创”策略，来促进中国特色社会主义文化的繁荣与发展。

三、中国式现代化新道路丰富优秀传统文化

中国式现代化新道路拥有丰富的内涵，它不仅吸收了中国在革命和建设期间积累的有效经验，还能根据时代的发展不断进行创新与调整。这条道路涵盖了经济、政治、文化、社会和生态等多个领域，并且始终以人为本，贯穿“人”的核心价值。

（一）民本思想

从国家治理和战略决策的全局视角来看，中国式现代化新道路充分贯彻了“以人为本”的理念，尤其体现在政治和文化两个重要领域。在政治层面上，这条现代化道路始终代表广大人民的根本利益，这与文化领域中坚持的“以人民为中心”的原则不谋而合。实际上，古代的思想家们早就提出了对人的重视，他们认为“天地之间，人最为贵”。

（二）共富思想

中国式现代化新道路在经济方面体现为对社会主义市场经济体系的坚持，并追求共同富裕的目标。回溯历史，中国古代的思想家们在他们的政治理论中，一直强调解决民众生计问题及建设繁荣社会的重要性。如孔子所言，领导者应该关爱百姓，合理治国，从而保证国家的长治久安。正如《广弘明集》中所述：“夫

国以民为本，本固则邦宁。”这表明，古代的思想家不仅倡导民本理念，还力求创建一个让所有人民都能享有富裕生活的“小康社会”。由此可见，“天下共富”的社会愿景在中国历史上源远流长，并成为历代哲人不断努力的方向。

（三）和合思想

在社会层面，中国式现代化新道路强调的是社会的整体进步及构建人类命运共同体的重要性。在全球化的今天，各国之间的联系日益紧密，社会的整体进步与各国之间的和平稳定发展密不可分。习近平总书记在多次国际交往的讲话中提到，中华民族历来推崇“和为贵”的理念，并主张走中国特色社会主义的和平发展之路。《汉书》中提到，“人主和德于上，百姓和合于下”。这两者之间存在着辩证关系，君主的和德是百姓和合的前提，二者相辅相成，共同促进天地间的和谐。这反映了中华传统文化中关于共赢共生的“和实生物”的哲学思想。只有沿着中国特色社会主义的发展道路前进，秉持厚德载物、和谐共存的精神，才能真正实现“人类命运”的共通共荣，构建人类命运共同体。因此，“和为贵”的理念不仅仅是要提倡“和合”的观念，还需要相应的制度支撑。“和合”的思想不仅体现了在中华传统文化影响下形成的互相尊重、包容互补的民族性格，也体现了我们推己及人、兼善天下的平等精神。

（四）公平正义

从整体的现代化建设角度来看，中国式现代化新道路尤为注重公平与正义。当我们谈论中国社会时，“熟人社会”是一个常见的概念。一些中外学者认为中国是一个以人际关系为基础的世俗社会，缺乏法治意识，但实际上并非如此。马克思在其著作《关于费尔巴哈的提纲》中提出了一个重要观点，即“人的本质是一切社会关系的总和”。中国社会作为一个集体主义组织形式的特点，这种特点与中国的文化历史背景紧密相连。自“家天下”的王权国家形成以来，血缘、亲缘和地域关系构成了人际关系的基础。因此，对祖先的尊敬在中国社会中占据重要位置，即便在现代社会，这一传统仍然根深蒂固。传统文化中蕴含的“敬天法祖”的特性对中国式现代化新道路的构建产生了深远的影响。一方面，它强化了我们的民族文化认同，促使全体中华儿女团结一致，共同创造美好的未来；另一方面，这种文化特征也可能导致外界对我们重礼轻法的误解。然而，早在古代，管子就已经强调治国须依法，不仅重视法律的制定，更关注法律的有效执行。《管子·法法》不仅论述了通过法律手段执行国家法令的重要性，还具体说明了如何确保法律的有效性。具体来说有两个要点，一是“赏罚分明”，即在执行法律时，奖励与惩罚必须公正严明；二是“法令至上”，即一旦法律制定，就不应轻易更改，即使是君主也不能凌驾于法律之上。这样的做法赋予了法律至高无上的地位，成为全社会的行为准则，从而最大程度地保障了社会的公平正义。由此可见，我国古代已有较为成熟的法治体系。

（五）创新思维

中国式现代化新道路展示了新时代现代化进程中“新”的特点。“新”不仅仅是一个静态的概念，更是一个动态的实践过程，表明中国式现代化在各领域的推进都需要不断创新，这也是其持续发展的关键驱动力。习近平总书记提出的“守正创新”的理念，是基于当前中国社会发展需求而形成的。培养创新思维，不仅是对中华优秀传统文化的传承，更是对传统文化中蕴含的时代价值不断发掘的表现。当事物发展到一定阶段时，进行必要的变革是促进其持续发展的必要条件。我国古代传统文化中蕴含的朴素唯物主义思想展现出了前瞻性，这与马克思主义哲学关于事物运动、变化和发展规律的理念有着异曲同工之妙。自古以来，中国人民就具备创新精神，这不仅是推动我们不断前进、紧跟时代步伐的动力源泉，也是鼓励我们勇于探索、走在时代前沿的重要支撑。

第二节　中华优秀传统文化国际传播问题研究

一、现阶段中华优秀传统文化国际化传播所面临的问题分析

中华文化底蕴深厚，承载着中华民族最深层的精神追求，展现了独特的民族精神标识，为中华民族的持续繁荣与发展提供了丰富的精神资源。近年来，随着我国经济的迅猛增长和文化强国战略的推进，我们在传承与发扬传统文化上取得了令人瞩目的成果。不过，在现阶段，中华优秀传统文化走向国际的过程中，仍面临不少挑战。

（一）“孔子学院”推广模式对输出渠道产生限制

全球范围内“汉语热”的兴起，显示了中国文化影响力的增长。目前，中华传统文化的推广主要集中在如舞蹈、武术、太极拳、书法、音乐及剪纸等艺术形式上，但其深层的文化内涵与智慧并未得到充分展示。在一定程度上，“中国文化热”在欧美等国家的兴起，得益于“孔子学院”这样的官方推广机制。多年以来，孔子学院一直在推动汉语教育和中国文化传播。自 2004 年起，中国政府启动了旨在促进汉语国际化的“汉语桥”项目，其中包括在海外设立“孔子学院”和“孔子课堂”。然而，孔子学院在汉语教学方面遇到了一些问题，如师资力量不足、课程设计缺乏吸引力、教材质量参差不齐、文化活动举办频率较低，以及志愿者教师数量超过公派和当地教师，这给生活和教学带来了不便。尽管孔子学

院在全球范围内的布局已初见成效，但仍面临不少质疑和批评。一些国家将孔子学院视为中国试图进行意识形态输出和文化扩张的工具，并将“汉语热”与“中国威胁论”相挂钩。在欧美地区，公众普遍将“孔子学院”视为一个简单的文化交流平台，而忽略了其趣味性和创新性。因此，单纯依靠“孔子学院”进行文化传播，在某种程度上阻碍了本土化商业传播的努力。中西方意识形态的不同，使“孔子学院”经常被误解为中国对西方社会进行“文化渗透”的工具，这对中华传统文化的商业化传播构成了障碍。

（二）传播内容不够丰富

传播内容作为传播系统中的核心要素，在传播过程中起着至关重要的作用，其特性的不同会直接影响传播的效果。目前，文化资源开发利用不足，以及内容创新的缺失已经成为限制文化传播成效的主要障碍。文化作为一种无形资产，不仅能够促进国家的发展，还能提升其国际影响力。一个国家想要强大，文化的作用不可或缺。我国拥有的丰富传统文化是宝贵的精神遗产，对国家的发展具有重要的推动作用。然而，当前的文化创作往往未能充分展现中国精神，也未能有效融入本土价值观。此外，一些文化创新产品在表达方式上没有考虑到受众的心理接受度，内容缺乏深度，缺少人文关怀，这也使得其教育价值大打折扣。由于中西方文化存在显著差异，加之西方文化的持续引入，导致了一些人盲目崇尚外来文化的现象。这种情况加剧了中华传统文化传播的难度，使其发展面临更大的挑战。

（三）传统文化的国际传播意识欠缺

随着全媒体时代的来临，媒体在内容制作、传播渠道和功能整合等方面的深度融合，给我国的国际传播带来了前所未有的挑战，尤其是在如何触及和影响目标受众方面。我国在国际传播过程中存在的一个问题是缺乏对受众意识的重视，具体表现在以自我中心、传播声音微弱、传播形式和内容单一等问题上。理论上，个人作为国际文化传播的重要角色，应该能够发挥重要作用，但在实际操作中，主动承担起传播中华文化责任的人并不多。究其根本原因，在于个人的国际传播意识不足，而这又与教育体系中对传统文化教育的缺失有关。在我国的基础教育阶段，课程安排往往倾向于外语学习，英语课程占据了相当大的比例，学生在英语学习上花费的时间和精力远超母语学习，这导致年轻一代对中华传统文化的兴趣减弱，更谈不上深入理解。因此，教育体系中的这些问题和个人意识的缺失，严重制约了中华优秀传统文化的国际传播能力，进而影响了中国文化在国际舞台上的影响力和竞争力。

（四）品牌建设相对滞后

“品牌”作为一个汉语词汇，指的是消费者对某一产品及其系列产品认知的程度。品牌建设的基础在于准确把握市场需求的品牌定位，并在此基础上彰显自身的独特性。从经济学的角度看，品牌化运作能够最大化地释放产品的商业价值，以较低的成本投入获得较高的经济效益，并形成良性循环的价值效应。对于文化产品和服务而言，它们通常具有开发难度较低、总体投入较少、成本回收较快的特点，这使得它们非常适合进行品牌化运营。例如，陕西省在推广黄河文化品牌时，为了达到最优效果，需要有一个完善的市场机制来支持。随着我国综合国力的不断增强，欧美民众对中国国家形象的认识也有了显著改善，他们渴望接触到更加精致和优质的中国文化产品和服务。然而，品牌建设进展缓慢，产品和服务质量参差不齐，导致欧美民众产生了心理落差，这也降低了他们关注和传播中华传统文化的积极性。

二、推进中华优秀传统文化国际传播的创新途径

重视对外文化交流一直是中国共产党的一项重要传统。在 2021 年 5 月 31 日的中共中央政治局第三十次集体学习会上，习近平总书记明确指出，“讲好中国故事，传播好中国声音，展示真实、立体、全面的中国，是加强我国国际传播能力建设的重要任务”。如今，提升中华文化的国际传播能力，增强传统文化的全球影响力，并探索多样化的传播方式，已成为我国建设社会主义文化强国、增强国家文化软实力的紧迫要求和实际任务。在我们党致力于传统文化产业的发展，积极促进中国文化走向世界，以提升国家文化软实力、助力中华民族伟大复兴的过程中，有效的对外传播中华传统文化的方法可以归纳为以下五个方面。

（一）挖掘中华文化核心内涵，考虑国家发展需求

将中华优秀传统文化传承与发扬光大的关键，在于如何有效地将这些古老的文明成果融入现代社会的建设之中，使其与当今的经济社会环境和谐共生。2014 年，习近平总书记在文艺工作座谈会上指出：“中华优秀传统文化是中华民族的精神命脉，是涵养社会主义核心价值观的重要源泉，也是我们在世界文化激荡中站稳脚跟的坚实根基。”自 20 世纪 80 年代起，中国经济持续快速发展，向世界展示了中华民族的坚韧不拔。在这个过程中，中华传统文化在推动国家政治、经济、军事发展等方面发挥了重要作用。2014 年 2 月 24 日，习近平总书记在中共中央政治局第十三次集体学习时提到：“要认真汲取中华优秀传统文化的思想精华和道德精髓，大力弘扬以爱国主义为核心的民族精神和以改革创新为核心的时代精神，深入挖掘和阐发中华优秀传统文化讲仁爱、重民本、守诚信、崇正义、

尚和合、求大同的时代价值。”中华优秀传统文化因其悠久的历史和丰富的内涵，为中华儿女提供了坚定的文化自信。在对外传播的过程中，重要的是要深入挖掘传统文化的核心价值。通过对这些核心价值的挖掘，发现其跨越时空的影响力，提升中华优秀文化在全球文化交流中的地位，向世界展示中华文化的独特魅力及其持久的生命力与影响力。

同时，积极打造并推动文化品牌的多元化发展，是增强中华优秀传统文化吸引力的关键举措。要做到这一点，就需要通过细致的市场调查，掌握国际社会对于“外来文化”的需求情况，深入了解海外受众的消费心理与习惯，确保富含中华优秀传统文化元素的产品能够顺利打入国际市场，提升中国文化的国际影响力，增进与世界各国的文化交流，并争取在国际竞争中赢得更大的市场份额。另外，互联网技术的发展将世界各地紧密相连，为中华文化的国际传播开辟了多元化的途径。我们应当充分利用网络平台，构建中华优秀文化对外传播的窗口，发挥数字技术的优势，促使中国文化的国际品牌在世界舞台上闪耀光芒。

（二）更加关注受众群体，采取柔性传播方式

在全球化进程不断加快的背景下，一个国家的实力展现不再局限于经济领域，文化软实力及其国际传播能力同样成为衡量国家综合实力的重要指标。中华民族在其悠久的历史中，凭借独特的文化特质，展现了强大的生命力，并积累了深厚且多样的文化遗产。自党的十七大以来，历届党的代表大会均强调了加强中华优秀传统文化教育和构建传统文化传承体系的重要性。唯有坚定的文化自信和文化的繁荣兴盛，才能真正实现中华民族的伟大复兴。在推动中华优秀传统文化走向世界的过程中，我们需要充分考虑到国外受众的具体需求，保持文化传播的真实性，向世界呈现一个真实的中国形象，展示中国的实际情况，消除外界对中国的误解和偏见，回应国际社会的关切，增强全球公众对中国文化的认同。为了创新国际文化传播的方式，可以采取柔和的传播策略，在讲述“中国故事”时，根据不同的国家和民族文化背景调整讲述方式，通过潜移默化的影响，逐渐建立起中国的正面形象。此外，还可以围绕共同关心的主题，以开放平等的态度与国际友人交流互动，分享中国人民对于这些问题的看法和解决方案。这种方法有利于增进中外民众之间的理解和共鸣，使国际受众更容易接受中国文化，从而全面提升中华优秀传统文化在国际舞台上的传播效果。

中华优秀传统文化的国际传播是一项复杂而系统的工程，涵盖了多个领域的协同合作。在新时代背景下，要想做好中华优秀传统文化的国际传播，我们必须思考如何提升国际受众对中华优秀传统文化的接受度，并寻找更适合国际受众的传播方法。只有重视受众的地位，才能在中华优秀传统文化国际传播的过程中激发国际受众的兴趣，使他们不再是被动的信息接收者，而成为主动探索和学习中

华优秀传统文化的参与者。通过亲身参与各种文化活动，国际受众能够获得直接的文化体验，从而深化对中华传统文化的理解。认识到国际受众主体地位的重要性，避免单向的信息传递，是增强中华优秀传统文化国际传播效果的关键所在。

（三）加强资源整合，构建完善的传播体系

如今，尽管电脑和手机已成为传承传统文化的重要媒介，但从全局视角来看，其传播形式依然存在一定的局限性。为了强化中华优秀传统文化的国际影响力，我们必须有效整合现有的传播资源与渠道，动员包括非正式的民间团体及海外华人媒体在内的各种传播力量，共同参与到中华优秀文化的国际推广之中。通过这种资源整合，充分发挥各方的独特优势，能够搭建起更具竞争力的国际文化交流平台，增强中国媒体在全球范围内的影响力，让中国文化的声音更为响亮，并且提升其国际话语能力。同时，中国媒体也应当持续探索创新的传播方法，发展新的文化传播思路与途径，以此来提高中国媒体在国际传媒领域的地位和作用。

在中华文化的国际传播策略中，海外的汉学研究同样是一种值得利用的有效方式，应将这一领域视为中华优秀传统文化走向世界的重要组成部分。实际上，西方国家对于汉学的兴趣并非近代才兴起，早在唐代就有外国学者研究汉唐文化。即便在清朝采取闭关锁国政策之时，虽然中国对外界的认知受到了限制，但西方国家对中国的学术热情并没有消减，不少学者不远万里来到中国，成为汉学研究的奠基人。国际社会的对华态度、西方汉学家的观点、中西文化交流的程度、国际社会认识中国的方式及其立场等，均对海外汉学研究产生了深远的影响。事实上，海外汉学研究已经成为中华文化向全球传播的一个重要途径。因此，有必要建立起连接西方汉学与中国本土文化的桥梁，探讨中国精神及文化在全球历史进程中的价值，并寻找促进中西文化互动与融合的方式，从而推进双方文化的共同发展。

（四）重视文化增值，提升中华文化国际传播感召力

新时代为中华优秀传统文化的发扬提供了前所未有的契机。在服务于建设现代化强国的目标下，我们应当深入解析中华优秀传统文化的核心价值，并致力于构建中华文化的创新表达体系，以提升我国在全球文化竞争中的地位。现今，文化传播展现出了多元化的特点，在“微时代”的大环境下，中华优秀传统文化需要主动融入微文化系统，运用多样化的文化标识，促进中华文化的丰富和发展。所谓文化增值，是指通过文化自身的更新与再生来增加其价值。文化作为一个无形的载体，具备动态变化和流动传播的特性。在此过程中，我们应该通过扩展文化的影响区域，增强文化的辐射效应，促使传播主体与接收对象共同创造新的文

化标识，赋予传统文化新的符号价值，最终实现文化的价值增长。

习近平总书记指出："我们必须科学认识网络传播规律，提高用网治网水平，使互联网这个最大变量变成事业发展的最大增量。"同样，在面对全球化时，我们也应该掌握文化发展的规律，既把握住全球化带来的机遇，也要有效应对伴随而来的意识形态挑战，以确保"有效维护我国的政治安全和文化安全"。我们需要增强国际文化交流，吸收世界先进的文明成果，不断提高我国的文化软实力，积极展示中华文化的独特魅力，增强国际话语权，提升中华文化的国际影响力。随着现代化进程的发展，传播媒介经历了深刻的变革。传统上，文化传播主要依靠直接的人际交往来完成，在社会变迁中延续文化。而在新媒体时代，尤其是微媒体的出现，信息量激增，信息传播速度显著加快，形成了更为动态的信息生态系统。为了促进中华优秀传统文化的国际传播，我们需要充分利用微媒体社群化的特点，通过对信息的加工和整理，赋予传统文化新的时代意义，实现其文化价值的增长，产生深远的精神影响。例如，《中庸》《论语》等经典文献包含了丰富的儒家伦理和哲学思想，但在国际传播方面面临着诸多挑战。简单地复制这些内容并增加其数量，往往无法达到理想的传播效果。尽管这些作品在国内具有深远的影响力，但由于文化背景差异和兴趣点的不同，外国读者可能会觉得它们缺乏吸引力。但是，通过图像、雕塑、音视频等多种形式来展现这些充满中华优秀传统文化内涵的作品，可以增强其现代价值，提升整体的影响力。《习近平谈治国理政》系列书籍收录的文章中大量引用了古代文献的内容，通过现代科技手段，将传统文化转化为立体的人文体系，使其更符合时代的需求，增强了中华优秀传统文化传播的吸引力。改革开放以来，我们逐步恢复了孔子在中国历史上的地位，使他重新成为受尊敬和推崇的人物，其背后的文化意义也被激活。2004 年 11 月，第一所孔子学院在韩国首尔成立，随后在全球范围内迅速扩展。孔子学院以其专业的业务水平、丰富的师资、广泛的覆盖范围和明确的目标定位，成为中华文化走向世界的窗口。借助这个平台，中国文化不断向外界展示，一个更加真实的中国形象正在呈现给全世界，传播我们的思想观念和价值主张。

（五）发挥新媒体力量，创造文化传播品牌和代言人

品牌体现的是特色。传统媒体通常依赖官方渠道发布信息，这种方式与广播相似，信息传播的路径较为单一。然而，文化品牌作为文化传播的关键载体，在时代的演进中，公众的关注点逐渐转向了新媒体，新媒体对人们生活方式的影响日益加深。借助社交软件，媒体机构能够提供丰富多彩的内容，有效吸引用户注意力。近年来，《中国诗词大会》《中国汉字听写大会》《平"语"近人》等一系列节目的推出，凭借其生动有趣的内容和新颖的表现形式，在带领人们探索中华文化的源头，重温经典国学知识的同时，还对中华优秀传统文化的传播与继承发

挥了积极作用，堪称利用现代媒体工具推广传统文化的成功典范。随着新媒体平台的不断发展与普及，短视频平台迅速崛起，越来越多展示中华优秀传统文化的短视频在网络上受到热捧。比如，美食博主李子柒凭借网络视频《兰州牛肉面》走红，赢得了大量的粉丝，其中不乏数百万的国际观众。李子柒的工作团队运用微传播技术，以微电影、微装置等形式，将富含中国文化元素的作品上传至短视频平台，使得中华传统文化再次进入国际视野，吸引了众多对中国文化感兴趣的粉丝。此外，不少国外网红博主也通过模仿李子柒的视频内容，助力中华优秀传统文化在海外的传播。

第三节　中华优秀传统文化传承面临的机遇与挑战

一、中华优秀传统文化传承面临的机遇

（一）主流意识形态领导权建设需要

主流意识形态领导权的建设因其引领性和先进性的特点，是一项具有战略意义的重要任务。然而，这一过程面临着诸多挑战，多元社会思潮的涌现对它的主导地位提出了考验，而传统的宣传手段也在一定程度上削弱了其内容的说服力和吸引力。在新时代背景下，面对这些挑战，主流意识形态领导权在构建与发展的过程中，可以借鉴中华优秀传统文化中的精髓，使其更加符合人民群众的心理需求和期望。

主流意识形态领导权的确立与巩固，需要依托中华优秀传统文化来奠定坚实的基础。中华优秀传统文化所体现的价值观念与主流意识形态倡导的价值取向基本一致，两者共同致力于中国特色社会主义事业的持续发展。在悠久的历史演进中，中华优秀传统文化孕育了以儒家思想为核心的传统观念，其中许多理念与主流意识形态领导权建设的方向相互契合。主流意识形态领导权的权威性不仅依赖于官方组织的宣传和引导，而且需要获得民众的广泛认同。如果宣传手段过于刻板，不但无法激发公众的兴趣，还可能导致其权威性受损。因此，在构建和发展主流意识形态领导权的过程中，应当借鉴传统文化，特别是儒学中的认同机制和实践经验，以增强广大民众对主流意识形态领导权的认同和支持。

主流意识形态领导权的先进性同样需要从中华优秀传统文化中汲取活力。主流意识形态领导权的先进性能激励广大民众不懈奋斗，追求个人价值的实现。中华优秀传统文化中蕴含的丰富古文、诗词和历史人物故事，为提升主流意识形态领导权的先进性增添了新的动力，对增强文化引领作用、提升文化自信及增强主

流意识形态的话语权具有独特意义。为了更好地促进中华优秀传统文化的创新发展，需要重视其与主流意识形态领导权之间的互动关系，通过推动主流意识形态领导权的建设来促进中华优秀传统文化的发展。这样做不仅能够增强主流意识形态的影响力，也能让中华优秀传统文化焕发新的生机。

在新时代背景下，中国共产党始终强调继承和发展中华优秀传统文化的重要性。面对当前的局势，这种重视促使理论工作者探索新的研究方向，并提出了更高的要求。通过将传承优秀传统文化与推进社会主义文化先进性建设相结合，不仅为传统文化的繁荣创造了更为宽广的平台，同时也使其迎来了前所未有的历史契机。

为了确保中华优秀传统文化弘扬工作的顺利开展并取得实效，党中央一直将其视为一项长期重点工作。《关于实施中华优秀传统文化传承发展工程的意见》明确指出，“实施中华优秀传统文化传承发展工程，是建设社会主义文化强国的重大战略任务”。这份文件为中华优秀传统文化的创造性转化和创新性发展设定了方向，规定了具体任务和实施路径。党和国家结合新时代发展目标，将传承和弘扬中华优秀传统文化上升到了国家战略层面，使其成为中华民族伟大复兴的文化支柱。恩格斯指出，“每一历史时代主要的经济生产方式和交换方式以及必然由此产生的社会结构，是该时代政治的和精神的历史所赖以确立的基础”。从文化发展的视角看，中华优秀传统文化在各个历史阶段都体现了其独特的价值，推动了中华民族的进步，展现了中华民族的智慧与胆识。文化是特定时期社会政治、经济发展状况的集中反映。中国特色社会主义文化深深植根于中华优秀传统文化之中，在社会主义现代化建设中彰显了其深厚的文化底蕴，并指引着文化发展的方向。

（二）新时代主要矛盾转化需要

随着中国特色社会主义进入新时代，中华民族实现了从站起来、富起来到强起来的历史性跨越。目前，中国已跃升为世界第二大经济体，中国人民对于生活质量的追求也随之转变，在满足物质需求的基础上，愈发追求高层次的精神文化享受。文化自信与精神追求成为提升民众生活质量的关键要素。这种对于精神文化品质的新需求，为中华优秀传统文化的创新发展带来了新的机遇。中华优秀传统文化深深扎根于人们的日常生活之中，凝聚了民族智慧，回应了社会需求。以满足人民群众精神文化需求为目标的中华优秀传统文化，为社会主义现代化建设提供了强有力的精神支持。

在新时代背景下，人民群众对于美好生活的追求日益增强，而中华优秀传统文化则成为了推动这一追求的重要驱动力。美好生活的构建涉及多个方面，特别是在精神文化领域的需求日益凸显，这与马斯洛需求层次理论中的高层次需求相契合。不论是阅读的书籍、欣赏的音乐，还是闲暇时观看的影视作品，公众对文化产品质量的要求都在不断提高。然而，当前的文艺作品水平参差不齐，将中华优秀传统文化的核心价值融入文艺创作，是提升作品内涵与思想深度的一种有效手段。鉴于此，在新时代社会主要矛盾转变的重要时期，我们应当以实事求是的态度对待传统文化，积极发掘其中依然具有现实意义的元素，对其进行创造性转化和创新性发展，注入新的活力，拓展其影响范围，以此彰显中华优秀传统文化在新时代的独特魅力。

在服务社会主义现代化建设的过程中，中华优秀传统文化的作用不仅是被动接受，而是通过创造性转化与创新性发展，紧密对接国家的“五位一体”总体布局，支持“两个一百年”奋斗目标，满足人民群众对高品质精神文化生活的需求。作为一笔珍贵的文化遗产，中华优秀传统文化为现代人追求更高层次的精神文化生活提供了丰富的文化底蕴，这些精神与物质资源与民众追求高品质生活的愿望相契合。一方面，随着物质生活水平的提高，人们有了更多的时间和精力投入中华优秀传统文化的学习与实践中。这不仅丰富了人们的业余生活，还提升了他们的生活品位。近年来，全国范围内的旅游业，特别是那些文化气息浓郁的景点，越来越受到青睐，非物质文化遗产和物质文化遗产逐渐成为公众关注的焦点。这些文化景点品质的不断提升，正悄然改变着人们的生活方式，提高了人们的生活品质。另一方面，随着生活节奏的加快，人们对休闲方式的追求也在不断增强。这促使人们愿意投入时间和精力去了解和接纳优秀的传统文化，体验传统生活的宁静，感受传统文化的独特魅力。由此，人们逐渐从追求快节奏的生活方式转变为享受一种更为简约精致的慢生活。

在物质生活水平不断提高和现代化步伐加快的今天，人们对精神文化的需求也在不断攀升，并逐渐形成了对民族文化精华的新认识。立足于新时代的起点，推动中华优秀传统文化的创新转化与发展，不仅能够满足大众日益增长的精神文化需求，同时也为这些传统文化的持续发展提供了新的历史契机。

（三）新时代公民道德建设需要

自古以来，道德建设就是人们持续追求与讨论的核心议题，历代的文人学者以多样化的表达形式来传递他们的道德观念。在步入新时代之后，公民道德建设依旧保持着不可或缺的重要性。作为中华文化精华的一部分，传统的中华美德在促进公民道德建设上展现出独特且不可替代的价值；同时，加强公民道德建设的需求也为中华优秀传统文化的传承与发展带来了新的机遇。

在推进公民道德建设的过程中，应当充分利用中华优秀传统文化作为其发展的根基。传统文化中提倡的诸如自强不息、尊敬长辈、爱护晚辈及忠诚国家等美好品质，为社会提供了多维度的道德指导，并为公众的行为设定了标准。虽然我国在思想道德建设方面已有长足进步，但仍然面临一些挑战，比如理想信仰的缺乏、物质利益至上的观念及对社会责任的认识不足等问题。在此情况下，中华传统美德作为一种重要的文化形态，应发挥其内在的价值导向作用。同时，随着公民道德建设的不断推进，也促进了传统文化的创造性转化与创新性发展。随着时代的演进，即使是一些传统的美德也可能需要适应新的社会环境。为了满足新时代公民道德建设的要求，中华传统美德的内涵需要进行相应的调整，以便更好地服务于现代社会。只有这样，中华优秀传统文化才能深入人心，成为人们的道德指南和精神支柱，发挥其深远的影响。在新的历史时期，促进中华优秀传统文化的创新和发展，应当把握住这一契机，深入发掘传统文化中的道德财富，让古圣先贤的高尚情操在当代人心中生根发芽，在这种相互促进的过程中推动中华优秀传统文化的持续发展。

要让中华优秀传统文化得到继承与发展，就需要全国上下共同努力，将传统文化元素融入日常生产和生活之中，增强实践中的文化意识，并通过实际行动加深对传统文化的认可度。中华优秀传统文化所蕴含的“反省自身”“克制自我”“追求卓越”的实践智慧，以及个人修养的价值观和追求完美的品质理念，在当今社会主义现代化进程中，应对接新时代的需求，转化成为科学的态度、匠人精神及不懈奋斗的精神。人是社会的一部分，个人的行为总是与社会实践紧密相连。在生产和生活的互动中，人文精神与传统美德可以提升为一种精神信念。在社会主义现代化建设中，中华优秀传统文化为培养人们的价值观和个人品格奠定了坚实的道德基石。这些道德准则在日常生活中得到应用，实现了内心认同与外部行为的一致性，进而增强了人们对民族文化的自觉和认同。中华民族有着丰富多彩的传统节日与风俗，我们可以通过探索这些风俗中的科学与人文价值，帮助人们更深入地理解其中的农耕文化底蕴，例如，传统历法和节气的知识。同时，我们也能揭示传统中医药学与养生文化中的现代科学价值，激励人们在日常生活中自觉融合传统习俗与现代生活方式，以此强化对中华优秀传统文化的实践自觉和文化认同感。

在日常生活中重视文化实践的培育，并加强文化自觉，能够促进高度的文化认同。文化认同是一个民族在长期共同生活中逐步形成的，它体现了对本民族文化符号和特色的认同，同时也是对核心价值观的广泛接受，更是凝聚民族精神的关键所在。中华优秀传统文化作为中华民族共有的精神纽带，不仅滋养了中国人的成长，还是中华儿女建立共识、遵守规则、形成文化认同的重要基石。在推进社会主义现代化建设的过程中，文化认同深植于民族的心理结构中，并具体表现在人民参与社会主义现代化实践的经验里，这要求我们在历史观、国家观、民族观和政治观上不断深化对文化的认识。通过在日常生活中的学习，积极传承和发展中华优秀传统文化，扩大其社会影响力，可以使广大民众在实际生活中感受到传统文化的独特魅力，进而增强对民族优秀文化的认同。

总体而言，文化自觉与文化认同是在日常生活中逐渐形成的，并且贯穿于个人的整个人生过程。只有当人们拥有了深厚的文化自觉性和强烈的认同感，才能在建设社会主义文化强国的道路上增强自信，更加高效地传承与发扬中华优秀传统文化的精髓。

二、中华优秀传统文化传承面临的挑战

（一）现代化进程的冲击

人类社会的发展必然伴随着现代化进程。在这个过程中，我国优秀的传统文化遭遇了由快速现代化带来的挑战，尤其是在我们积极融入全球经济体系的过程中。尽管工业化的加速极大地推动了经济的增长，但随之而来的现代价值观也在一定程度上动摇了人们对于传统道德观的信心，甚至让部分人群对自己的民族文化感到不够自信。与此同时，随着城镇化步伐的加快，一些文化遗产面临着被侵蚀的风险；而现代科技的应用虽带来了便利，但也可能产生副作用，进而干扰到传统文化的保护和延续。

文化自卑反映了一个民族对其自身文化价值的低估、质疑乃至否定。自近代开始，中国经历了诸多动荡，包括受到西方势力的侵略。虽然这种情况在客观上推动了中国的现代化转型，但同时也使得中华优秀传统文化受到了来自西方现代文化的强烈冲击。在抵抗外来侵略的历史过程中，中华民族多次遭遇挫折，这些经历让我们认识到我们在科学技术及文化层面的不足。结果，曾经拥有的文化自豪感逐渐减弱，取而代之的是愈加强烈的文化自卑感。

从废除科举制度到新文化运动的兴起，中国文化特别是儒家思想在教育和政治领域的重要性逐渐减弱，并最终被边缘化。由于西方文化的涌入及中国传统文化的式微，中国人民在精神和伦理层面上失去了依托。在那个国家面临重重危机、民众迫切寻找强国之路的时代背景下，强调伦理道德的传统观念被认为不利于国家的现代化建设，因此被视作阻碍发展的因素而遭到贬抑。

物质文化不仅是精神文化的体现形式，也是其重要载体，一旦受损便难以迅速复原，因此，保护物质文化遗产被视为一项极其重要的任务。中国一直致力于考古研究与文化遗产的保护工作。然而，在向现代化迈进的过程中，和很多发展中国家一样，中国在推进城市化的同时，也面临着文化遗产受损的问题。这种损害不仅导致了历史文物的损失和地方特色文化的消逝，还影响了中华优秀传统文化的持续传承与发展。具体来说，城市化进程对历史文化遗产的影响主要体现在两方面：一是过度开发导致的历史文化遗产遭到破坏。随着旅游业的发展，很

多历史悠久的村庄希望借助旅游来促进经济发展。虽然旅游业确实能够带动乡村经济，但缺乏合理规划的商业活动却对历史文化遗产造成了损害。为了吸引更多游客，这些古村落可能会过度商业化，从而失去原有的历史风貌。另外，不限制游客流量也会给古迹带来超负荷的压力，造成不可逆的破坏。二是城市规划的一致性导致历史文化遗产丧失其独特性。在快速的城市现代化进程中，高层建筑的涌现虽然彰显了基础设施的进步，但也带来了城市面貌的趋同现象。无论是对旧城区的改造还是在新城区的建设中，为了追求效率，往往忽略了对历史风貌的研究。例如，将所有老建筑统一粉饰，虽然看起来整齐划一，但这也抹杀了古建筑的历史韵味。此外，当前一些仿古建筑设计也呈现出雷同的趋势，无法充分体现城市深厚的历史底蕴。中国的建筑不仅体现了中华文化的精神内核，更承载着丰富的文化内涵。然而，如今全国范围内住宅风格的统一化，不仅让建筑失去了独特个性，也让中华文化的独特魅力在现代城市景观中逐渐淡出。

（二）来自互联网的威胁

随着第四次科技革命和新媒体技术的不断进步，互联网在人们的认知模式、思维方式及价值观念的形成与演变中发挥着重要作用。其中一个突出的问题是，一些个人或群体利用网络平台从事诸如煽动颠覆国家政权、鼓吹宗教极端主义、宣扬民族分裂、策划暴力恐怖活动、传播不良内容、引发人身攻击及贩卖非法物品等非法行为。这些网络违法行为对我国的政治稳定和文化安全构成了严重威胁，直接影响到我们能否顺利实现第二个百年奋斗目标和中华民族的伟大复兴。

面对当前的实际情况，一些不法分子试图利用互联网成为影响中华民族伟大复兴的不确定因素。鉴于网络安全现状的严峻性，确保网络与信息安全已经成为我们在维护社会稳定和增强文化自信方面面临的重大课题。面对这样的挑战，我们不能坐视不理，放任违法行为泛滥，而应该采取有效的措施加以监管和打击。网络安全问题不仅关系到技术层面的竞争，更涉及深层次的理念的对抗和话语权的争夺。在新的历史时期，互联网不仅成为了推动国家科技进步和经济增长的重要引擎，同时也是保障国家安全的关键领域，是新兴国家与传统大国之间竞争的新战场，以及不同意识形态交锋的前沿地带。

在新时代背景下，互联网作为一块新兴且充满活力的领域，对国家的政治稳定与文化传承的影响不容小觑。它不仅是传播思想、弘扬文化的广阔平台，也是我们在信息时代争夺话语权、维护国家安全的重要战场。为了确保我们的社会能够正面积极地发展，我们必须主动出击，把握住这个重要的交流空间，而不是被动接受外部力量的影响或操控。面对互联网带来的安全挑战，我们深刻认识到这关系到整个民族的未来与发展。因此，加强网络环境的管理和建设成为衡量政府治理能力的一个重要指标。随着新媒体技术的日新月异及互联网影响力的持续扩大，如何通过这一渠道有效传播和保护中华民族悠久的文化遗产变得尤为重要。在此过程中，我们需要充分利用线上线下相结合的优势，在保障网络安全的同时，也要注重提升民众对于正确价值观的认识与接受度，努力营造一个既开放又和谐的信息共享环境，最终实现全社会范围内的团结一致。

在新时代背景下，我们要以实现文化自信的历史责任感为引领，利用法治理念来治理网络空间，杜绝反动、消极信息的传播，同时将社会主义核心价值观融入网络文化建设中，致力于打造一个积极向上的网络生态环境。这不仅对我们的互联网应用水平提出了新的挑战，也强调了在网络时代，虚拟空间必须依法管理，不能成为法外之地。中华优秀传统文化的延续与创新，需要国家在网络管理方面的有效举措，特别是要确保正确的舆论导向。唯有掌控好网络这一新的舆论高地，才能有效防范来自西方不良思潮的影响。唯有做到这一点，我们才能够更有效地传递中国声音，讲述中国故事，展示一个真实、多元、立体的中国面貌。唯有如此，我们才能通过线上线下的共同努力，汇聚民众团结奋进的精神动力。唯有如此，我们才能使互联网从一个可能的不稳定因素转变为促进文化自信的强大推手。从潜在的不确定性到积极的推动力量的转化，也反映了机遇与挑战并存的现实：在应对网络安全威胁的同时，互联网也为我们在新时代继承和发展中华优秀传统文化提供了前所未有的可能性。

第三章　传承发展中华优秀传统文化的重大意义

第一节　立足中华优秀传统文化，厚植文化自信根基

一、立足中华优秀传统文化是增强文化自信的本源

增强文化自信对于国家和民族的发展至关重要，而要提升中国的文化自信，首要任务是确立对中华优秀传统文化的正确态度，并深入理解其内在价值。在全球化背景下，国际竞争不再局限于经济和军事力量的较量，在文化和思想领域的竞争同样激烈。美国哈佛大学的约瑟夫·奈教授所提出的“软实力”理论，更是将文化影响力的重要性提升到一个新的高度，表明了文化在国家和民族进步中的关键作用。国家的繁荣昌盛与文化的多元发展相辅相成，中华优秀传统文化经过数千年的发展，其独特魅力日益显现。作为中华民族精神的基础，中华优秀传统文化为当代社会提供了增强文化自信的力量之源。

（一）中华优秀传统文化是增强文化自信的内在基因

“抛弃传统、丢掉根本，就等于割断了自己的精神命脉”。对于任何国家和民族来说，增强文化自信都应当基于自身的传统文化，并将其与现代文化相结合。“传统”并不代表着封闭、落后或者停滞不前，实际上，“传统”是经过岁月洗礼后的精华与智慧的汇集。中华优秀传统文化承载了中华民族几千年来生存与发展的智慧，经受住了历史的检验和社会实践的考验。它不仅为过去的问题提供了答案，也为中国的未来发展提供了宝贵的思路和启示。中华优秀传统文化已成为中华民族的精神基因，深深根植于每一个中国人的内心，无形中塑造着中国人的思想观念和行为模式。这些深嵌于中华民族血脉之中的优秀传统文化构成了增强文化自信的坚固基石。

（二）中华优秀传统文化是增强文化自信的内生动力

中华民族所倡导的传统文化与民族精神，同丰富的文化资源相结合，让人们在代代传承中，形成自强不息的价值追求和奋发进取的民族心态。我们的修身理念强调“克己复礼”“己所不欲，勿施于人”，家庭观念以“孝”和“和”为核心，学习态度则推崇“知行合一”“自强不息”，而个人与国家的关系则体现为“天下兴亡，匹夫有责”的责任意识。中华优秀传统文化以儒家思想为主轴，贯穿了几千年的历史长河，其精神内涵和习俗早已深深植根于中华儿女的血脉之中，成为中华文化不可分割的一部分。中华优秀传统文化具备适应时代变化的能力，它能在不同历史阶段与当时的社会需求相结合，成为推动社会前进的动力。马克思主义在中国的传播和发展就是一个例证。作为一种源自西方的思想体系，马克思主义之所以能够在中国扎根，客观上是因为它符合中国国情和现实需要。彼时的中国亟需一种能够指引国家走向复兴的理论体系，而马克思主义的引进正好满足了这一社会需求。一方面，马克思主义因其科学性、革命性和实用性，在中国得到了广泛传播。另一方面，中华优秀传统文化的包容性也是一个重要因素。当外来文化引入时，除了其自身的吸引力和感召力外，还需要得到本土文化的接受与融合。中华优秀传统文化与马克思主义之间的相互作用为马克思主义在中国的发展提供了必要的土壤和空间。

（三）中华优秀传统文化为解决中国当前面临的现实问题提供历史的思想启迪

我们需要在继承与弘扬中华优秀传统文化的过程中，发掘中华优秀传统文化中蕴含的新文化价值与时代价值。当前，中国正处于重要的战略发展期和机遇期。在国内，全面建设小康社会进入了关键阶段，全面深化改革步入了攻坚阶段，全面从严治党的反腐斗争已取得阶段性成果，但我们仍需清醒地认识到，社会上依然存在着各种问题，部分矛盾甚至还有可能加剧。在国际层面上，西方资本主义国家仍在以“自由与民主”为旗号干预我国内政，对我国人权状况进行指责，地缘政治问题的凸显也给我国周边的安全与外交带来了压力。

立足当下，展望未来。学者陈先达在其著作中提到：“应该站在社会形态更替的高度来审视马克思主义和中国传统文化的关系；只有以马克思主义为指导才能变革中国社会，只有继承中国传统文化，马克思主义才能在中国取得胜利。”在马克思主义的引领下，中国共产党结合当前实际与历史经验，提出了对中华优秀传统文化进行创造性转化和创新性发展的要求。社会主义核心价值观作为最清晰的表述，从国家、社会和个人三个维度全面概述了我国各层次的发展目标，并且与中华优秀传统文化的核心价值高度一致。在全球经济错综复杂及面临全球性挑战的情况下，没有任何一个国家可以置身事外。鉴于此，中国共产党依据世界发展的趋势，提出了“人类命运共同体”的概念。这个概念符合世界多极化、经济全球化、社会信息化及文化多样化的时代特征。“人类命运共同体”的观念继承了中国古代儒家经典《礼记·礼运》中所表达的“天下大同”的理念，体现了对公正平等的社会理想的追求。晚清时期，康有为在《大同书》中也提出了“人人相亲，人人平等，天下为公”的理想社会构想。今天，“人类命运共同体”的理念正是在借鉴古人思想的基础上，结合当前世界形势与中国国情而形成的。这一理念不仅推广了中国传统文化中的“大同”思想，而且将其转化为促进全球协同发展的现代理念。由此可见，在国内外政策的制定与发展观的形成过程中，中国领导层提出的各项战略和理念都融入了中华优秀传统文化的精华，这些历史悠久的文化遗产为我们提供了宝贵的智慧和思想启迪。

二、着力解决好中华优秀传统文化在传承发展中面临的时代问题

随着互联网的飞速进步，世界各地的联系日益紧密，即便是微小的变动也可能产生深远的影响。在这个由网络搭建的虚拟空间里，国家间的竞争呈现出前所未有的格局。随着时代的发展和实践经验的积累，新的挑战不断涌现。在增强文化自信的当下，我们面临着新的使命，需要直面当前的困难，清晰地理解国际国内的局势变化，并积极适应在弘扬和发展传统文化时遇到的新问题。

（一）要解决好互联网快速发展所带来的新挑战

当前，传承和发展中华优秀传统文化依然主要依靠口头传授和文献教育的方式进行，在传播的广度和深度上，这些方式都存在一定的局限。随着互联网及其衍生的“互联网+”模式的发展，网络不仅以惊人的速度和规模扩张，中国的网民数量也在持续增长，这使得网络成为文化和创新活动的新舞台。然而，网络如同一把双刃剑，在推动当今社会文化开放、多元、创新的同时，也揭示了我们在理解和重视本国优秀传统文化方面存在的不足。虽然新兴文化的兴起是社会发展的一个标志，但我们不应因此而忽视中华优秀传统文化的重要性，因为这并不是构建文化强国的正确方法。通常情况下，只有当其他国家将本应属于我们的文化遗产申报为世界遗产时，我们才会感到不满，然而很少去深思为何会落后于人。网络文化的流行与中华优秀传统文化的相对式微之间形成了强烈对比。因此，我们应该借助网络平台来调和现代文化与中华优秀传统文化之间的关系，利用网络媒介的独特功能，广泛传播中华优秀传统文化，从而激发民众对自己本土传统文化的热爱，并吸引国际社会对中国文化的关注与兴趣。

在当今时代，网络平台已成为不同文化交流碰撞的新战场。全球化促进了多元文化的交融与价值观念的传播，在这样的背景下，我们应该在积极参与国际文

化交流的同时，保持对本土文化的尊重与保护，致力于营造一个健康和谐的网络空间，并且要对西方的文化影响保持高度警觉，防止任何形式的文化侵蚀。我国的优秀传统文化历史悠久，内涵丰富，作为炎黄子孙，我们必须铭记历史，明确未来方向。中华优秀传统文化是我们民族的根基，为国家的发展提供了持续的精神滋养；它也是我们的精神支柱，为实现中华民族的伟大复兴凝聚了强大的精神力量。

（二）要把握好中华优秀传统文化的创造性转化和创新性发展

每个时代的特征决定了其特有的精神导向与价值理念，这些理念也塑造了每一代人的思维方式和发展路径。创新不仅是民族进步的关键，更是国家持续繁荣的源泉。中华优秀传统文化拥有其独特的价值内涵和深厚的历史积淀，对于如何有效地实现传统文化的创新转化与发展，这不仅是学术研究的重点，更是需要实际行动来解答的问题。为了让优秀的传统文化在多元文化的交流中保持影响力，我们需要在坚持传统特色的基础上，结合现代元素，通过大众易于接受的方式来传播传统文化精髓，从而提高文化传播的效果。如今，如何让中华优秀传统文化实现创新性转化与发展，已经成为我们必须面对的一项重要任务。

实现中华优秀传统文化的创造性转化和创新性发展，我们可以从以下几个方面入手：一是更新内容。在确保中华优秀传统文化核心价值不变的情况下，融入现代文化元素，使之焕发新生。二是转变态度。社会成员应当从被动接收转变为积极主动地学习优秀传统文化，培养全民自觉传承民族文化精华的意识。三是改革体制。尽管中国拥有丰富的文化遗产，但在文化影响力上仍有待加强。建设文化强国，需要通过制度保障来提升文化在整个社会中的地位。四是改善社会风气。强调从小培养孩子们对中国优秀传统文化的认识，树立良好家庭风尚，形成积极向上的社会文化环境。五是创新传播手段。在信息爆炸的大数据时代，利用微博、微信等新兴媒体工具，探索更多元化的传播途径，充分发挥网络平台的作用，促进优秀传统文化的广泛传播，进一步增强民族自豪感。

三、在立足中华优秀传统文化中厚植文化自信

马克思曾指出："人们自己创造自己的历史，但是他们并不是随心所欲地创造，并不是在他们自己选定的条件下创造，而是在直接碰到的、既定的、从过去承继下来的条件下创造。"这表明，中华优秀传统文化构成了我们前行的基础；若我们与这一根基脱节，那么我们在文化建设上的努力就会缺乏根本动力与活力，提升文化自信也就无从实现了。因此，在传承与弘扬传统文化精髓的过程中，我们还应将其同中国特色社会主义文化的精髓及外来文化的积极元素相融合，清晰界定文化发展的方向与道路，并通过创新驱动来实现文化自信的提升。

（一）始终坚持立足于中华优秀传统文化，在实践中激活中华优秀传统文化的活力，以文化创新增强文化自信

创新作为民族前进的精神支柱，同样也是国家保持发展活力的关键。面对公众思维模式的演变、审美观念的提升及对知识标准日益增长的要求，传承优秀传统文化与强化文化自信遇到了新的考验。在这种情况下，激活传统文化的内在生命力，并鼓励大众主动参与到传统文化的学习中，成为了文化创新的重点议题。为了应对这一挑战，我们应该加大积极宣传的力度，运用包括学校教育、学术探讨、历史研究及影视文学等多元化的手段，牢牢掌握文化传播的方向。以潜移默化的方式，影响社会各界，促使文化自信自然而然地从人们的内心涌现。

（二）始终坚持和立足于中华优秀传统文化，正确处理好与革命文化、社会主义先进文化的关系

中国文化的重要构成部分包括了优秀的传统文化、革命时期的斗争文化及社会主义在改革和建设阶段孕育出的先进文化。这三者之间存在着历史延续性，并且随着时代的发展而不断演进。从思想层面来看，中华优秀传统文化不仅是中国文化的起源，也为后来的革命文化和社会主义先进文化奠定了基础。革命文化和社会主义先进文化则是中国在近现代革命、建设及改革实践中积淀下来的文化财富。为了提升国家的文化自信，我们必须优化文化发展的机制体制，协调各方关系，并制定相应的文化政策。我们要始终坚持以马克思主义为指导思想，立足于丰富的传统文化资源，从战略高度推进中国文化自信的整体建设。最终的目标是打造一种具有中国特色、展示中国风貌、体现中国文化软实力并能在国际舞台上产生影响的先进文化体系。

（三）始终坚持立足于中华优秀传统文化，在与外来文化的交流碰撞中博采众长，增强文化自信

春秋时期的“百家争鸣”代表了中国历史上思想碰撞与文化繁荣的高峰，诞生了许多至今仍被传颂的经典著作。在中国的历史长河中，对外交流的例子比比皆是，如郑和的七次远洋航行、张骞的西域之旅，这些事件都在中外文化交流史上留下了浓墨重彩的一笔。文化不应局限于单一的声音，封闭自守只会导致国际舞台上的话语缺失。中国的传统文化虽然保守，但也具备开放性。这种保守与开放的结合，使传统文化在与其他文化的互动中能够互相启发，吸收彼此的优点，从而促进自身的进步。通过对外开放，传统文化不仅能够汲取外来文化的精华，还能通过对比他国文化来彰显自身的优势与魅力，进而增强文化自信。随着改革开放的步伐进入新阶段，经济全球化不断深入，文化交流变得更加密切，文化竞争也愈发激烈。正如美国政治学家亨廷顿所言：“冷战后，国家越来越多地依据

文明来界定自己的利益，它们倾向于与文化相近的国家合作或结盟，并经常与文化迥异的国家发生冲突。”因此，在维护意识形态安全的前提下，我们应该积极推动广泛的国际文化交流，展现中国文化独特的吸引力，以增进相互理解，互补优势，从而强化民族自信，提升中国在全球的地位。

第二节 提升人民群众文化素养的丰厚文化滋养

习近平总书记曾强调：“实现中华民族伟大复兴，需要物质文明极大发展，也需要精神文明极大发展。”人民群众的文化素养直接影响着精神文明的水平，同时也关系到民族的振兴、国家的强盛及人民的福祉。文化素养涵盖哲学、历史、艺术和道德等多个方面，是现代公民不可或缺的基本素质。中华优秀传统文化因其深厚与广泛的影响，为提升公众的文化素养提供了丰富的资源和深厚的滋养。

一、有利于提升人民群众哲学素养

“哲学”这个词汇源自古希腊语，结合了“爱”和“智慧”两个概念。在古代汉语中，并没有“哲学”这个词汇，但“哲”字使用广泛，《说文解字》解释说：“哲，知也。”而《尔雅》则表示：“哲，智也。”这里的“哲”指的是知识与智慧。根据字面意义，哲学可以理解为追求真理、增进理解和启迪智慧的学问。冯友兰在其著作《中国哲学简史》中定义哲学为：“我所说的哲学，就是对于人生的有系统的反思的思想。”而胡适在《中国哲学史大纲》中提到：“凡研究人生切要的问题，从根本上着想，要寻一个根本的解决。这种学问，叫作哲学。”马克思曾经指出：“任何真正的哲学都是自己时代精神的精华……是文明的活的灵魂。”根据马克思主义的观点，哲学不仅探讨生命的意义，关注人类的命运，探寻世界的真相，还反思社会现状，追求理想社会形态。它代表了人们对人与世界关系的基本观点、态度和主张，是系统化、理论化的世界观和方法论。在西方文化中，哲学享有极高的地位。德国哲学家黑格尔曾评论道：“一个没有哲学的文化就如同一座华丽的殿堂缺少了中心的神圣雕像。”同样地，在中国古代社会，哲学也占据着举足轻重的位置。冯友兰曾经指出，在中国文化中，哲学的地位可以与宗教在其他文化中的作用相提并论。在中国，哲学与所有知识分子的生活密切相关，传统教育往往是通过哲学启蒙开始的。

回顾人类历史，那些曾经对世界产生深远影响并在当代仍具重要影响力的民族，都是哲学思想繁荣的民族。在当代社会，公民的哲学素养仍然是其文化素质的重要组成部分。马克思主义指出，哲学是一种系统化和理论化的世界观与方法论。作为一种世界观，哲学体现在人们对自身、社会及宇宙的认知之中，唯有经过系统化和理论化的世界观，以及深刻准确的世界观，才能引导人们正确认识自我、社会和世界。同时，哲学也是一种方法论，在人们的日常生活和工作中，都需要借助正确的方法论来进行指导。

在中华优秀传统文化体系中，古代哲学占据了核心位置。它汇集了中华民族在发展历程中的智慧结晶和精神内涵，对宗教、史学、文学、艺术、教育、风俗乃至科学等领域产生了深远的影响。直至今日，中国传统哲学仍然深刻地影响着中国人对于人生、社会和宇宙的认知。中国古代哲学博大精深，其中最具影响力的四大思想资源和传统分别是原始儒家、原始道家、中国佛学及宋明理学。原始儒家以孔子、曾子、子思、孟子和荀子为代表，他们的著作如《诗》《书》《礼》《易》《春秋》《论语》《孟子》《荀子》等，提出了诸如“仁”“义”“礼”“中庸”等核心理念，构成了影响深远的哲学思想。原始道家以老子和庄子为代表，他们的著作《老子》《庄子》阐述了“道”“德”“无为”等核心概念。印度佛教传入中国后，结合了本土的儒家、道家及魏晋时期的玄学思想，形成了具有中国特色的佛学哲学，包括天台宗、华严宗和禅宗等重要流派。到了宋明时期，以儒学为基础，融合了道家和佛学的思想，形成了以理气论和心性论为核心的道德形而上学体系——宋明理学。该学派可以分为程朱理学和陆王心学两大分支，前者以朱熹为代表，强调“天理”和“格物致知”的概念；后者则以王阳明为核心，提倡“心即理”“心外无物”“致良知”“知行合一”的理念。程朱理学自南宋开始成为官方哲学，而陆王心学则在明代中期之后产生了广泛的影响。

二、有利于提升人民群众历史素养

马克思和恩格斯曾提出：“我们仅仅知道一门唯一的科学，即历史科学。”习近平总书记也曾强调：“历史是一面镜子，鉴古知今，学史明智。重视历史、研究历史、借鉴历史是中华民族5000多年文明史的一个优良传统。”历史素养是现代公民人文素养的重要组成部分，它涵盖了对基本历史知识的掌握、对历史人物和事件的评价、对历史发展规律的认识、对历史经验与教训的学习，以及对未来历史趋势的预测。提升民众的历史素养，不仅有助于树立正确的历史观，增强民族的凝聚力和向心力，提高整体文化水平，而且对于推进国家治理体系和治理能力的现代化具有重要意义。

中华民族拥有悠久的历史，对历史记录尤为重视，积累了极为丰富的历史资料。梁启超在其著作《中国历史研究法》中提到：“中国于各种学问中，惟史学为最发达；史学在世界各国中，惟中国为最发达。”国学大师钱穆也曾指出：“中国为世界上历史最完备之国家。”他还总结了中国历史的三大特征：首先是“悠久”，从黄帝纪元至今已有近五千年的历史；其次是“连贯”，自有文字记载以来，历史记录从未中断；最后是“详尽”，涵盖了多种多样的史料。正是由于中国历史的“悠久”“连贯”和“详尽”，使得我国拥有了极其丰富的历史资源，其中包括大量的历史文献、深刻的历史经验及优秀的史学传统。

三、有利于提升人民群众文艺素养

鲁迅先生曾提出：“文艺是国民精神所发的火光，同时也是引导国民精神的前途的灯火。”朱光潜则认为：“凡是第一流的艺术作品大半没有道德目的而有道德影响，荷马史诗、希腊悲剧以及中国第一流的抒情诗都可以为证。它们或是安慰情感，或是启发性灵，或是洗涤胸襟，或是表现对于人生的深广关照。一个人在真正欣赏过它们以后，与在未读它们以前，思想气质不能是完全一样的。”这里所说的“思想气质”的变化，实际上就是人文艺术素养的提升。中国的传统文艺作品，尤其是那些朱光潜称之为“一流的艺术作品”，能够净化心灵、培养高尚的情操、提升审美品位，从而增强个人的艺术修养。

中华优秀传统文化中，文学艺术作品数量庞大，品质卓越，堪称中华民族引以为豪的艺术财富。在文学领域，中国古代文学成就斐然。正如王国维所言：“凡一代有一代之文学：楚之骚，汉之赋，六代之骈语，唐之诗，宋之词，元之曲，皆所谓一代之文学也，而后世莫能继焉者也。”确实如此，从《诗经》《楚辞》到汉赋、唐诗、宋词、元曲及明清小说，这些文学杰作无论在思想深度还是艺术成就上都达到了世界级水平。屈原、陶渊明、李白、杜甫、白居易、苏轼等人的古典诗词，以及《水浒传》《三国演义》《西游记》《红楼梦》《儒林外史》等古典小说，不仅在中国影响深远，也在世界范围内产生了广泛影响。此外，《孟子》《庄子》等先秦诸子散文，《左传》《史记》《资治通鉴》等历史著作，同样具有极高的文学价值。从早期的彩陶图案、青铜器纹饰到明清时期的书法与绘画，中国艺术同样取得了辉煌成就。王羲之、颜真卿、柳公权、张旭、苏轼、黄庭坚、董其昌等书法家，以及阎立本、王维、黄公望、倪瓒、文徵明、唐寅等画家的作品，还有关汉卿、王实甫、马致远、白朴、汤显祖等剧作家的戏曲，都是中国古代艺术成就的杰出代表。

中国古代的文学艺术展现了极高的艺术水准。古人对文学艺术十分重视，甚至将其视为“经国之大业，不朽之盛事”（《典论·论文》）。正因为这种重视，他们在创作上追求极致。比如唐代诗人贾岛，在创作时反复斟酌每一个字句，他曾说“两句三年得，一吟双泪流”（《题诗后》），表达了他对诗歌创作的严谨态度。同样，清代小说家曹雪芹历经十年批阅，五次增删，才完成了《红楼梦》这部“字字看来皆是血”的不朽之作。正是这种对艺术创作的高度专注与不懈追求，使得中国古代在文艺领域取得了显著成就，艺术水平达到了相当的高度。中国古代文学艺术具备提升公众艺术修养的作用。首先，接触传统文艺能够提升个人的审美情趣。中国传统的文艺作品数量庞大且质量上乘，无论是创作者还是普通读者，通过欣赏这些作品都能够提高自身创造美和鉴赏美的能力，创作者可以从中学到更多创作技巧，普通人则能获得更多审美享受。其次，传统文艺的欣赏还能深化人们的心理认知。通过阅读经典作品，人们可以在情感上得到熏陶，逐渐从粗犷变得文雅，从原始变得文明，实现精神层次的升华。

第三节　增强国家文化软实力的丰富文化资源

“软实力”这一概念最初由美国学者约瑟夫·奈提出，指的是通过吸引力而非强制或诱惑来达成目标的能力。这一概念一经提出便迅速吸引了全球的关注，并对各国的政策制定产生了重要影响。在全球化背景下，各国在综合实力的竞争中越来越注重文化软实力的重要性。文化软实力表现为一个国家因文化而具有的内部凝聚力和外部影响力。提升国家文化软实力，与增强经济和军事硬实力同样重要，都是实现中华民族伟大复兴不可或缺的要素。我国也高度重视提升国家文化软实力，习近平总书记指出：“提升国家文化软实力，关系‘两个一百年’奋斗目标和中华民族伟大复兴中国梦的实现。”中华优秀传统文化拥有悠久的历史和丰富的内涵，它不仅是中华民族的根本与灵魂，还是支撑中华民族历经数千年而不衰的重要智慧源泉和精神支柱，更是当前提升我国文化软实力最宝贵的资产。

一、有利于增强中华民族内部的凝聚力

一个民族只有具备凝聚力，才能确保内部的团结与国家的统一，在面临困难时能够齐心协力，共同解决问题。中华民族自古以来就拥有强大的凝聚力，这也是中华民族能够在世界民族之林中长久存续的关键因素。习近平总书记曾指出：“中华民族有着5000多年的悠久历史和灿烂文化，而且中华文明从远古一直延续发展到今天。为什么中华民族能够在几千年的历史长河中顽强生存和不断发展呢？很重要的一个原因，是我们民族有一脉相承的精神追求、精神特质、精神脉络。”弘扬中华优秀传统文化具有以下重大意义。

第一，加强民族文化的认同感。一个民族唯有对其历史渊源、当前状况及未来发展有深刻的认识与认同，才能激发民众对民族和国家的强烈归属感，进而凝聚起整个民族的力量。目前，在西方文化占主导地位的全球文化环境中，加上经济全球化的推波助澜，部分人对中华优秀传统文化和中华民族的认同有所减弱，

这无疑给增强民族凝聚力带来了挑战。我们必须意识到，文化之于民族就如同血脉之于生命，是不可或缺的。中华优秀传统文化承载着中华民族的精神基因，是区分中华民族与其他民族的重要标识。通过传承和发扬中华优秀传统文化，可以不断增强中国人民对自己民族文化独特价值的认识，加深他们对中华民族辉煌历史和文化成就的认同，从而强化民族归属感、尊严感与荣誉感，最终汇聚成强大的民族凝聚力。

第二，加强民族团结与统一。美国学者斯塔夫里阿诺斯在其著作《全球通史》中提出了一个引人深思的问题："为何中国能拥有世界上最古老且连续不断的文明？"实际上，中华文明确实是世界上独一无二的古老且未曾中断的文明，究其原因，在于中华优秀传统文化在维持民族团结与统一中发挥了至关重要的精神纽带作用。我国作为一个多民族、广地域的国家，中华优秀传统文化作为一种精神联结，将个体、民族与国家的命运紧密相连，使得中华民族能够保持团结统一并持续壮大。如今，传承和弘扬中华优秀传统文化，尤其是其中的爱国主义情怀和团结统一的理念，有助于增强中华民族的向心力，稳固民族团结与统一的基础。

第三，汇聚民族精神力量。历史上有这样一种描述："中国仿佛一个巨大的立方体，在汹涌澎湃的浪潮冲击下可能会翻转，但当浪潮退去后，它总会以另一面重新屹立，始终不倒、永不沉沦。"中华民族历经数千年风雨，面对无数挑战，战胜诸多强敌，始终屹立不倒，其中一个重要原因在于中华优秀传统文化所发挥的作用。每当遭遇外敌入侵，爱国主义精神便成为抵御侵略者的坚固精神防线。面对国家发展的重重困难，爱国主义成为了中华儿女克服障碍的强大精神支柱。实现中国梦需要汇聚全体中华儿女的力量，这就要求大家团结一心、共同努力。传承中华优秀传统文化，有助于中华儿女树立大局意识，将个人的价值追求同国家的强盛、民族的复兴和人民的福祉结合起来，凝聚发展的共识，确立共同的理想信念，汇聚共同的努力，为实现中华民族伟大复兴的中国梦而不懈奋斗。

二、有利于增强中华文化对外的影响力

当前，中国正前所未有地接近世界舞台的中心位置，但在文化影响力方面，相较于其政治和经济影响力，尚显不足。习近平总书记曾指出："古往今来，中华民族之所以在世界有地位、有影响，不是靠穷兵黩武，不是靠对外扩张，而是靠中华文化的强大感召力和吸引力。"因此，要成为一个真正的世界强国，除了经济发展和政治地位，还需要传承并发扬中华优秀传统文化，以增强中国文化的国际影响力。

第一，贡献中华文化智慧。习近平总书记指出："我们不仅要让世界知道

‘舌尖上的中国’，还要让世界知道‘学术中的中国’‘理论中的中国’‘哲学社会科学中的中国’，让世界知道‘发展中的中国’‘开放中的中国’‘为人类文明作贡献的中国’。”当前，尽管世界总体趋势仍是和平与发展，但冲突与动荡频发，霸权主义和强权政治依然存在，局部战争和地区冲突不断，加上恐怖主义和社会问题的蔓延，资源短缺与环境污染等问题日益严重。这些问题的根源，在很大程度上是由于人类在利益驱动下的自私自利及盲目追求利润的心态所致，这正是西方文化中的“丛林法则”和“强权思维”带来的后果。要解决这些问题，有必要借鉴东方的智慧。1988 年，75 位诺贝尔奖得主在巴黎集会时曾发表声明：“若要人类在 21 世纪继续生存下去，必须回首两千五百年前，从孔子那里汲取智慧。”在处理国家间、民族间的关系时，孔子提出的“己所不欲，勿施于人”被西方视为“黄金法则”“人类行为的伟大法则”。一些外国领导人认为：“孔子和儒学不仅对中国历史发展产生了巨大作用和重要影响，而且对世界历史发展和人类文明进步也产生了积极作用和深远影响；儒家思想和儒学文化不仅在历史上产生过积极作用，对于解决当今世界共同面临的许多问题和难题，仍能提供智慧、启示、借鉴。”因此，在应对全球诸多问题的过程中，中华文化有着重要的贡献。

第二，展现中华文化魅力。英国前首相丘吉尔曾说过：“我宁愿失去一个印度，也不愿失去一个莎士比亚。”莎士比亚的作品不仅提升了英国的人文精神，还对全世界产生了深远影响。同样，在中华优秀传统文化中，如唐诗、宋词、元曲等文学作品，以及四大名著等小说，其包含的思想性和艺术性毫不逊色于莎士比亚的戏剧。2012 年，中国作家莫言因其独特的创作风格——将魔幻现实主义与民间传说、历史及现代社会相融合，赢得了诺贝尔文学奖，向全世界展现了中国文学的魅力。此外，2015 年，中国科学家屠呦呦受到中医药学的启发发现了青蒿素，这项成就挽救了全球数以百万计的生命，尤其是发展中国家的人民，她也因此获得了诺贝尔生理学或医学奖，这一成就进一步证实了中医药文化的巨大贡献。中华文化中的诸多杰出成果，无论是在文学、中医药、建筑、绘画、书法、音乐、饮食还是服饰等领域，都有助于提升中国文化的国际地位和影响力。

第四节　推进国家治理体系和治理能力现代化的有益文化借鉴

习近平总书记指出：“要治理好今天的中国，需要对我国历史和传统文化有深入了解，也需要对我国古代治国理政的探索和智慧进行积极总结。”中国拥有悠久的历史，在漫长的发展过程中积累了大量的历史经验，形成了独具特色的发展理念，并孕育了丰富的治国理政思想，其中许多优秀成分至今仍具有重要的现实意义，能够为当今中国的社会发展提供有价值的参考和启示。

一、提供历史经验借鉴

“以史为镜，可以知兴替。”这一观点出自《旧唐书·魏徵传》，强调了历史在治国理政中的重要性，这一理念被古今中外的政治家和思想家们广泛认同。马克思和恩格斯曾提出，我们唯一了解的科学就是历史科学。鲁迅先生也曾说过：“历史上都写着中国的灵魂，指示着将来的命运。”习近平总书记同样强调：“治理国家和社会，今天遇到的很多事情都可以在历史上找到影子，历史上发生过的很多事情也都可以作为今天的镜鉴。”中华民族拥有悠久的历史，在漫长的历史进程中积累了丰富的经验教训，这些历史财富为当代社会提供了宝贵的参考。

第一，借鉴成功经验。中国历史上有许多值得称颂的繁荣时期，例如汉朝的“文景之治”和“汉武盛世”，唐朝的“贞观之治”与“开元盛世”，明朝的“永乐盛世”及“仁宣之治”，以及清朝的“康乾盛世”。在这些时期，国家实现了长期的社会稳定、政治清明、经济增长、人民安居乐业、民族和睦及文化繁荣，成为后世学习的成功范例。实际上，这些盛世的成功经验有许多共通之处，对于当今的国家治理仍具有重要的参考价值。以“贞观之治”为例，《贞观政要》记载了当时的社会状况：“商旅野次，无复盗贼，囹圄常空。马牛布野，外户不闭。又频致丰稔，米斗三四钱。”这些描述反映了当时社会的安定与繁荣。

第二，吸取失败教训。虽然成功的经验值得学习，但失败的教训更是不容忽视。恩格斯曾指出：“要获取明确的理论认识，最好的道路就是从本身的错误中学习，‘吃一堑，长一智’。”回顾中国历史，可以看到一些朝代的兴亡变化：有的朝代如秦、隋，兴起迅速，灭亡也同样突然；有的朝代如汉、唐，在盛世之后逐渐走向衰落；有的朝代如宋，文治与武备失衡；还有的朝代如明、清，采取闭关锁国政策。总体而言，这些朝代的失败都有一些共同的教训，尤其需要后人引以为戒。

其一，国家过度的税收和劳役导致民生困苦。例如，秦朝建立后，大规模修建长城、阿房宫和骊山陵，频繁征召士兵戍边，最终引发了陈胜、吴广起义，得到了广大民众的响应。隋炀帝时期，大规模建设东都洛阳，开通大运河，并在各地建造宫殿园林，三次出兵攻打高丽，这些举措导致“全国因劳役而死”的局面，引发了广泛的民变。

其二，统治集团的腐败会导致治理能力的衰退。通常，一个新王朝建立之初，统治集团能够勤勉治国，但随着时间推移，尤其是在长时间的和平稳定之后，统治层往往会逐渐变得腐败，其执政效能也会大大减弱，进而造成政治腐败和社会矛盾加剧。例如，唐玄宗晚年疏于政务，宠爱奸佞，导致了“安史之乱”

的爆发。而在明朝末年，万历皇帝和天启皇帝沉迷于享乐，甚至长期荒废朝政，最终使明朝民生困苦，国力日渐衰微。

其三，军事防务的懈怠导致无法有效抵御外敌。清朝初年，八旗军力强大，所向无敌，但长期的安逸生活导致了对战争准备的忽视，军事力量逐渐衰弱。到了晚清时期，军队不仅纪律松散、作风恶劣，而且兵制僵化、装备落后，战斗力大大削弱，在与西方列强的对抗中频频失利。

以上这些深刻的历史教训依然值得今天借鉴。

二、提供发展理念启示

中华民族在长期的发展过程中形成了极具民族特色、极为深刻博大的发展理念，对中华民族的发展壮大产生了重要的影响和作用，对于今天的治国理政仍具有重要启发意义。以下几个发展理念尤其具有启发意义。

第一，“民为邦本”的理念。在中国古代的治国理念中，“重民本”思想占据了核心地位。早在《尚书·五子之歌》中就有夏禹提出的“民惟邦本，本固邦宁”的民本思想。概括来说，中国古代的民本思想主要体现在以下几个方面。一是认为民心向背是国家存亡的关键。《左传》提到：“国将兴，听于民；将亡，听于神。”（《左传·庄公三十二年》）《管子》也有类似的观点：“政之所兴在顺民心，政之所废在逆民心。”（《管子·牧民》）二是强调施政应当以民众福祉为重。孔子提倡：“节用而爱人，使民以时。”（《论语·学而》）孟子则倡导施行“仁政”，主张减少刑罚，减轻赋税，以实现“老者衣帛食肉，黎民不饥不寒”（《孟子·梁惠王上》）的目标。三是关注弱势群体的需求。从《礼记》中提出的“鳏寡孤独废疾者皆有所养”（《礼记·礼运》）的社会理想，到孟子对“天下之穷民而无告者”的特别关心（《孟子·梁惠王下》），再到杜甫“安得广厦千万间，大庇天下寒士俱欢颜”（《茅屋为秋风所破歌》）的人文关怀，这些都反映了对弱势群体的特别关注。尽管历史上“重民本”的理念并未总能得到实施，“民为贵，社稷次之，君为轻”（《孟子·尽心下》）的主张也常常停留在口号层面，但这一思想仍然得到了广泛的认可，并产生了积极影响。今天，我们既要从中汲取精髓，也要在此基础上创新发展，坚持在治国理政中以人民为中心的发展思想，致力于改善民生，解决民生问题，消除贫困，实现共同富裕。

第二，“德法合治”的理念。在中国古代，关于国家治理的方式，一直存在着“德治”与“法治”的讨论，这是先秦时期儒家与法家之间的重要辩论点。儒家提倡以“德”治国，孔子曾说：“为政以德，譬如北辰，居其所而众星拱之。”（《论语·为政》）他还提到：“道之以政，齐之以刑，民免而无耻；道之以德，齐之以礼，有耻且格。”（《论语·为政》）孔子认为，在治理国家时，“法”只能解决表面问题，而“德”才是根本，应该把“德”作为治国的核心。与此相反，法家则主张以“法”治国，韩非子认为：“国无常强，无常弱。奉法者强，则国强；奉法者弱，则国弱。”（《韩非子·有度》）他强调国家只有依法治理才能强大，因此提倡“明王峭其法而严其刑”（《韩非子·五蠹》）以及“不务德而务法”（《韩非子·显学》）。历史上关于德治与法治的争论十分激烈且持久，但实际上，在很多太平盛世中，“德法并举”成为了治理国家的原则。例如，“文景之治”和“贞观之治”都是“德”与“法”兼施的结果（《汉书·元帝纪》），既强调德治，也注重法治，实现了“德”与“法”的有机结合。实际上，德治与法治之间是辩证统一的关系。“礼”在事态未发生前加以预防，“法”则在事后予以惩处；“法”的作用显而易见，“礼”的约束则更为隐秘（《史记·太史公自序》）。“法”是刚性规定，使人不敢为恶；“德”则是柔性引导，使人不愿为恶。缺乏德治，法治将不堪重负；缺少法治，德治也将失去保障。“德法并举”的理念告诉我们，在治国理政中应妥善处理法治与德治的关系，既要推进全面依法治国，也要注重道德建设，夯实依法治国的道德根基。

第三，“继承传统与创新并重”的理念。在中国古代，除了德治与法治的争论外，还有关于“遵循传统”与“推动变革”的讨论。这里的“遵循传统”与“推动变革”之争，具体体现在治国理念上的“效法古人”与“追求革新”之间的对立。“效法古人”的一方认为：“遵先王之法而过者，未之有也。”（《孟子·离娄上》）他们主张：“利不百，不变法；功不十，不易器。法古无过，循礼无邪。”（《史记·商君列传》）而“追求革新”的一方则认为：“圣人不期修古，不法常可，论世之事，因为之备。”（《韩非子·五蠹》）因此主张：“苟日新，日日新，又日新。”（《礼记·大学》）历史上，“遵循传统”与“推动变革”的争论从未停止，如商鞅变法、推行胡服骑射、王安石的新政、戊戌变法等历次改革，都是这两种思想交锋的体现。在商鞅变法和胡服骑射中，“追求革新”的理念占据了主导地位，使秦国和赵国迅速崛起为军事强国。而在王安石新政和戊戌变法中，“遵循传统”的观念占据了上风，导致这两次改革最终失败，北宋和清朝也因此难以摆脱积弊，最终走向衰亡。总体来看，在中国历史上，“遵循传统”的观念往往强于“推动变革”，这种情况一直延续到晚清时期。实际上，“遵循传统”与“推动变革”同样是辩证统一的关系。“遵循传统”与“推动变革”二者不可偏废，好的传统应当继承，不合时宜的传统则需要革新。近代以来，“遵循传统”的派别固守旧制，阻碍了历史进程。而一些极端的“推动变革”派别则主张彻底摒弃一切传统，甚至提出“全盘西化”，乃至废除汉字，这也同样不利于社会发展。“继承传统与创新并重”的理念提示我们，在治国理政中要平衡好“遵循传统”与“推动变革”的关系，既要勇于创新，也要保持优良传统，并从中汲取创新的智慧与力量。

三、提供治国理政智慧

中国历史上积累了丰富的治国理政智慧，尽管这些智慧大多是在封建专制背景下形成的，其中不乏已被历史证明有害的封建糟粕，但仍有许多宝贵的思想对当代的国家治理具有重要的启示作用。以下从三个方面具体分析。

第一，选人用人智慧。中国古代在选拔和任用人才方面积累了丰富的经验，主要体现在以下几个方面，一是认识到人才对于国家强弱的重要性。东汉时期的王充在其著作《论衡·效力》中提到战国时期的人才流动情况："六国之时，贤才之臣，入楚楚重，出齐齐轻，为赵赵完，叛魏魏丧。"这表明，当时的名士如商鞅、苏秦、张仪、范雎、乐毅和李斯等人的去留，直接影响一个国家的兴衰。因此，历代统治者都十分重视人才的选拔和任用。二是确立以德才兼备为选人用人的标准。古代在选拔人才时，通常将德行与才能作为重要考量标准。在动荡时期，可能更看重个人的才能，如春秋战国时期的吴起、苏秦、张仪等人，虽然道德品质一般，但才华横溢。而在和平时期，则更强调个人的德行，例如，汉武帝选拔"贤良方正直言极谏者"，"贤良""方正""孝廉"等成为重要的选拔标准。北宋的司马光也提出："取士之道，当以德行为先。"（《续资治通鉴·宋纪七十九》）当然，最理想的选人标准是德才兼备，唐代的魏徵就认为："才行俱兼，始可任用。"（《贞观政要·论择官》）三是通过制度来规范选人用人。在人才选拔制度方面，先秦时期主要采用"世卿世禄"制度，汉代以后逐渐过渡到"察举"制，魏晋南北朝时期则实行"九品中正制"，这些制度各有局限。到了隋唐时期，科举制度的实行被认为是选拔人才的有效方式，唐太宗曾表示这种制度使得"天下英雄尽入彀中"（《唐摭言·述进士》）。如今，选人用人依然是治国理政的重要环节，这些古代的选人用人智慧至今仍有借鉴价值。

第二，反腐倡廉智慧。中国古代积累了丰富的廉政文化和反腐败经验，这些宝贵资源对于今天的反腐倡廉工作具有重要启示。一方面，注重廉洁理念的宣传教育。中国古代的廉政思想丰富多样，主要包括以下几点。一是"公心办事"。《礼记》中提到："大道之行也，天下为公，选贤与能，讲信修睦。"（《礼记·礼运》）强调官员应当怀有公心，为民服务。二是"以身作则"。孔子曾说："其身正，不令而行；其身不正，虽令不从。"（《论语·子路》）意思是领导者只有自身端正，才能有效领导他人。三是"清正廉洁"。《广雅》："廉，清也。"保持清廉是为官的基本要求。四是"节俭朴素"。《左传》中提到："俭，德之共也；侈，恶之大也。"（《左传·庄公二十四年》）生活奢侈的官员很难做到廉洁从政。通过这些廉洁理念的教育普及，可以在一定程度上预防腐败的发生。另一方面，建立有效的反腐机制。为了实现廉政目标，古人设计了一系列制度措施。根据《周礼》记载，早在周代就有了专门负责监督和反腐的官员，从秦汉开始，历代都设立了相应的监察机构，逐步形成了较为完善的监察体系。这些监察机构具有较高的独立性和权威性，虽然存在一定的局限性，但在一定程度上对官员起到了震慑作用，有助于减少腐败现象，促进政治清明。当前，我国在反腐倡廉方面已经取得显著成效，但面临的形势依然复杂。借鉴古代的反腐倡廉智慧，有助于进一步巩固思想道德防线，完善反腐倡廉制度，增强抵御腐败的能力。

第三，为官从政智慧。中国历史上的为官治政理念蕴含了诸多至今仍具启发意义的智慧。首先，修身立德是根本。儒家经典《大学》中提到："物格而后知至，知至而后意诚，意诚而后心正，心正而后身修，身修而后家齐，家齐而后国治，国治而后天下平。"（《礼记·大学》）这里提到的"格物""致知""诚意""正心"等，都属于修身的范畴，是实现"齐家""治国""平天下"的基础。修身不仅包括知识的积累和能力的培养，更重要的是道德品质的锤炼。其次，恪尽职守是关键。孔子曾说："陈力就列，不能者止。"（《论语·季氏》）又说："不在其位，不谋其政。"（《论语·泰伯》）这强调了为官者应尽职尽责，既不能失职，也不可越权。汉文帝时期的丞相陈平因不干预财政事务而受到赞誉，而蜀汉丞相诸葛亮因事必躬亲反而受到批评，原因就在于陈平懂得守职不越权，而诸葛亮则过多干涉。最后，谦逊谨慎是美德。《左传》中记载了"正考父鼎铭"，提到："一命而偻，再命而伛，三命而俯，循墙而走，亦莫余敢侮。"（《左传·昭公七年》）这赞扬了正考父随着官位升高而更加谦逊的态度。老子也说："知足不辱，知止不殆，可以长久。"（《道德经》第四十四章）历史上，许多官员因谦逊谨慎而得以善终，而那些骄奢淫逸者则往往身败名裂。中国古代为官治政的智慧十分丰富，上述只是其中的几个要点，这些智慧所传递的正能量与现代政治文明的要求相符，具有长远的借鉴意义。

第五节 推动世界和平发展的宝贵文化智慧

习近平总书记指出："中华文化既是历史的、也是当代的，既是民族的、也是世界的。""中华民族有着深厚文化传统，形成了富有特色的思想体系，体现了中国人几千年来积累的知识智慧和理性思辨。"中华优秀传统文化不仅属于中国，也属于全人类；它不仅承载着中国的价值，也蕴含着普世的意义。当前，世界面临诸多严峻挑战，如经济增长缓慢、区域发展不平衡、局部冲突频发、恐怖主义蔓延及生态环境恶化等问题，严重威胁着全球的和平与发展。中华优秀传统文化中的智慧与理性思考对于解决这些问题具有重要的借鉴意义。

一、以和为贵的发展理念

在探索发展模式的过程中，世界历史上出现了两种截然不同的理念："竞争"与"和谐"。历史上，不少国家和民族通过"竞争"的途径实现了繁荣，特别是在15世纪以后，一些西方国家通过掠夺和战争来推动自身发展，给人类带来了巨大的灾难。在当今世界，局部战争和地区的冲突依然频发，世界大战的风险依然存在，这背后的原因之一便是某些国家和民族根深蒂固的"竞争"思维。与此同时，人与人之间的"竞争"及人与自然界的"竞争"，导致了个人主义的过度膨胀和生态环境的严重破坏，成为人类发展道路上的重大难题。

中国古人则秉持了以"和"为本的发展理念。《论语》中提到："礼之用，和为贵。先王之道，斯为美，小大由之。"（《论语·学而》）《周礼》也有记载："以和邦国，以统百官，以谐万民。"（《周礼·天官·大宰》）"和"在中华优秀传统文化中占据着重要位置，这一理念包含两方面的内容：一是内部追求和谐发展，涵盖人与自身、人与人、人与社会及人与自然之间的和谐。古代中国强调："和也者，天下之达道也。""致中和，天地位焉，万物育焉。"（《礼记·中庸》）"不违农时，谷不可胜食也；数罟不入洿池，鱼鳖不可胜食也；斧斤以时入山林，材木不可胜用也。"（《孟子·梁惠王上》）这些论述反映了古代中国追求和谐的思想。二是外部追求和平发展，正如习近平总书记所指出："中华民族历来是一个爱好和平的民族，爱好和平在儒家思想中也有很深的渊源。"在谋求国家发展与处理国际关系时，中国古代主张采取和平手段。古人认为，"以力服人者，非心服也，力不赡也；以德服人者，中心悦而诚服也"（《孟子·公孙丑上》），提倡"远人不服，则修文德以来之"（《论语·季氏》）。历史上，汉唐时期通过"和亲"政策加强与邻国的友好关系，明代郑和七次下西洋期间，对沿途国家保持和平态度，这些都体现了中华民族崇尚和谐的发展理念。

中国以和为贵的发展理念受到了一些世界知名学者的认可与重视。英国哲学家罗素曾指出，欧洲人的生活方式"强调竞争、夺取、无止境的变革，以及不满与破坏"，而"中国人找到了一种并已践行了数世纪的生活方式，如果这种生活方式能被全球采纳，将会为全世界带来幸福"。在当今世界，随着科技的飞速发展和武器装备的不断升级，战争已成为人类难以承受的灾难。因此，中国以和为贵的理念成为化解冲突、阻止战争、预防对抗的思想解决方案。

二、公平正义的价值追求

西方有句名言："没有永远的朋友，只有永恒的利益。"这句话被视为处理人际关系和国际关系的准则。历史学家司马迁曾说："利诚乱之始也。"（《史记·孟子荀卿列传》）这一观点表明，单纯追求利益是导致历史上诸多问题的重要原因。

在当今世界，诸如恐怖主义、局部战争、贫富差距、生态环境破坏等问题，很大程度上都是过分追求利益的结果。要解决这些问题，就必须转变这种唯利是图的价值观。中华优秀传统文化中所倡导的公平正义的价值观，妥善处理了“利益”与“公平”“正义”之间的关系，为解决当前人类面临的难题提供了重要的启示。

在追求正义的过程中，中华民族历来重视“义利并举”，“以义为先”的价值导向。关于“义”与“利”的关系，孟子与战国时期魏国的梁惠王有一次著名的对话：孟子拜见梁惠王时，王曰：“叟不远千里而来，亦将有以利吾国乎？”孟子对曰：“王何必曰利？亦有仁义而已矣。王曰‘何以利吾国’？大夫曰‘何以利吾家’？士庶人曰‘何以利吾身’？上下交征利，而国危矣。万乘之国，弑其君者，必千乘之家；千乘之国，弑其君者，必百乘之家。万取千焉，千取百焉，不为不多矣。苟为后义而先利，不夺不餍。未有仁而遗其亲者也，未有义而后其君者也。王亦曰仁义而已矣，何必曰利？”（《孟子·梁惠王上》）

对于这段对话，司马迁曾评论道：当我读到孟子书中梁惠王问“何以利吾国”时，总会放下书卷感叹：唉！追求利益确实是动乱的开端。孔子很少谈论利益，因为他总是防患于未然。因此他说：“放于利而行，多怨。”从天子到平民，追求利益的危害又有何不同呢？（《史记·孟子荀卿列传》）由此可见，司马迁赞同孟子关于“义”与“利”的观点。另外，据史书记载，孟子与其老师孔子的孙子子思之间也有一段关于“义”与“利”的对话：起初，孟子向子思请教治理民众应以何为先。子思答道：“首先要考虑利益。”孟子回应：“君子教导民众，应当以仁义为核心，何必言利？”子思解释：“仁义本身就是为了民众的利益。如果统治者不仁，那么民众就没有安身之地；如果统治者不义，那么民众就会倾向于欺诈，这才是最大的不利。因此《易经》说：‘利，是义的和谐状态。’又说：‘利用利益来安顿身心，以此来提升德行。’这些都是重大的利益所在。”（《资治通鉴·周纪二》）

对于子思和孟子的观点，司马光认为：“子思、孟子之言，一也。夫唯仁者为知仁义之为利，不仁者不知也，故孟子对梁王直以仁义而不及利者，所与言之人异故也。”（《资治通鉴·周纪二》）由此可见，司马光同样认同子思和孟子关于“义”与“利”的见解。从孟子的这两段对话及其他思想家、史学家对于“义”与“利”的论述中可以看出，中国古代的义利观主要体现在以下几点：一是反对唯利是图。孔子曾说：“不义而富且贵，于我如浮云。”（《论语·述而》）荀子也提到：“先义而后利者荣，先利而后义者辱。”（《荀子·荣辱》）他们都反对为了利益而放弃道义，主张在追求利益的同时不忘道义。二是强调以义为本。《左传》中提到：“义，利之本也。”（《左传·昭公十年》）《大学》也有这样的表述：“国不以利为利，以义为利也。”（《礼记·大学》）这意味着应当将“义”视为最高的

“利”。三是主张义利并重。清代的颜元批判了“义”与“利”相互对立的观点，提出了“正其谊以谋其利，明其道而计其功”（《四书正误》卷一）的理念，旨在将“义”与“利”结合起来，实现二者的和谐统一。

在追求公平正义方面，中华民族历来倡导公而不私、正而不偏的原则。中国古代对于“公”和“正”的重视程度极高，甚至将其视为关乎国家兴亡的关键因素。关于“公”，荀子曾说：“公生明，偏生暗。”（《荀子·不苟》）苏轼也强调：“治国莫先于公。”（《司马温公行状》）程颢和程颐更是指出：“一心可以丧邦，一心可以兴邦，只在公私之间尔。”（《二程集·河南程氏遗书·卷第十一》）关于“正”，孔子认为：“政者，正也。”（《论语·颜渊》）他还说：“其身正，不令而行；其不正，虽令不从。”（《论语·子路》）孟子也有类似的观点：“行有不得者，皆反求诸己，其身正而天下归之。”（《孟子·离娄上》）中国古代对于“公正”的追求，在“大同”社会的理想中得到了充分体现。《礼记·礼运》中描述：“大道之行也，天下为公。选贤与能，讲信修睦，故人不独亲其亲，不独子其子，使老有所终，壮有所用，幼有所长，鳏寡孤独废疾者，皆有所养。”“大同”社会不仅是一个物质充裕、人民安居的社会，更是一个人人平等、公平正义的社会。

追求公平正义并不是要否定利益的存在，而是要恰当地处理“公平”与“利益”、“正义”与“利益”之间的关系，从而实现“兴天下之利，除天下之害”（《墨子·非攻下》）。近年来，在处理国际关系时，习近平总书记多次强调应践行“正确义利观”：“要找到利益的共同点和交汇点，坚持正确义利观，有原则、讲情谊、讲道义，多向发展中国家提供力所能及的帮助。”“中国坚持国家不分大小、强弱、贫富一律平等，秉持公道、伸张正义，反对以大欺小、以强凌弱、以富压贫。”“正确义利观”源自中华优秀传统文化，对于当代人类正确处理“义”与“利”的关系，并解决当前面临的诸多问题，具有重要的启示作用。

三、辩证综合的思维方式

国学大师季羡林认为，数百年来，西方文化衍生出诸多问题，包括环境污染、生态破坏、人口过剩、疾病频发及资源短缺等，若这些问题得不到有效解决，人类的未来将面临极大风险。他指出，这些问题的根源与西方文化的思维方式密切相关。“弊端产生的根源，与西方文化的分析的思维方式有紧密联系。”“西方形而上学的分析已快走到尽头，而东方寻求整体的综合必将取而代之。”许多学者同意这一观点，认为中国传统文化中的辩证综合思维方式有助于解决当今人类面临的诸多挑战。

中西方的思维方式各具特色。通常认为，西方侧重逻辑分析，而中国则更强调辩证综合，体现为重视整体、讲究辩证、崇尚领悟的思维特征。逻辑分析法为人类文明，尤其是科技文明的进步作出了巨大贡献，并且仍是当今重要的思维方式之一。例如，老子提出："有无相生，难易相成，长短相形，高下相倾，音声相和，前后相随。"（《道德经》第二章）孔子也说过："欲速则不达""过犹不及"。《左传》中亦有记载："宽以济猛，猛以济宽，政是以和。"（《左传·昭公二十年》）这些都反映了中国古代深刻的辩证思想。尽管中国的辩证综合思维方式被认为是中国在明清时期科技落后的一个重要原因，但在解决当代人类面临的难题时，它也有其独特的优势。首先，它强调从整体的角度看待局部，将所有事物视为相互联系的整体，主张从局部现象中洞察整体问题，并从整体出发解决局部问题。其次，它注重通过辩证思维促进平衡，认为一切事物都包含了对立统一的关系，只有通过辩证地看待这些对立统一，避免极端行为，才能维持平衡，达到和谐状态。例如，在处理生态环境问题时，《吕氏春秋·义赏》提到："竭泽而渔，岂不获得？而明年无鱼；焚薮而田，岂不获得？而明年无兽。"这表明古人主张将眼前利益与长远利益辩证统一，通过辩证的方法促进平衡。现代人类如果继续采取"竭泽而渔""焚薮而田"的方式消耗地球资源，必然会引发生态环境的破坏。

当代人类遇到的一些难题，如恐怖主义愈演愈烈、贫富差距持续拉大、生态环境严重破坏等问题，其产生的原因非常复杂，如果用中国辩证综合的思维方式，有利于找出合理的解决方案。比如针对恐怖主义，"9·11恐怖袭击事件"之后，西方国家主要通过加强安保措施、打击恐怖主义策源地等方法来解决恐怖主义问题。但从效果看，近年来美国、英国、法国等欧美国家恐怖袭击事件层出不穷，给西方国家带来极大麻烦。如果用中国辩证综合的思维方式看，西方国家解决恐怖主义问题的方法犹如"扬汤止沸"，治标不治本。恐怖主义产生的深层原因是民族间的利益冲突和文化冲突，根本上源于不合理不公平的国际秩序。不解决利益冲突和文化冲突，不建立合理公平的国际秩序，恐怖主义就无法彻底解决。中华优秀传统文化中辩证综合的思维方式对于解决当今世界诸如恐怖主义之类的许多难题能够提供很好的方法论启示。

第四章　中华优秀传统文化的创新发展

第一节　中华优秀传统文化创新发展的必要性与作用

一、中华优秀传统文化创新发展的必要性

在中国全体人民的共同努力之下，我们迎来了中国特色社会主义建设的新阶段。在这个新阶段中，对于中国特色社会主义文化的建设有了更新、更高的要求，同时也亟须促进中华优秀传统文化的创新发展。

（一）是实现人民对美好生活向往的必然要求

长久以来，中国共产党始终把人民对美好生活的期望作为奋斗的目标。如今步入新时代，伴随着物质生活的富足，人们对精神文化层面的需求也在不断增加，并且更加注重从传统的文化精髓中获取养分，深入学习文化经典。人民所期盼的是能够随时代演进而不断革新的文化，而非停滞不前的传统。因此，为了让中华优秀传统文化在当前这个时代展现出新的活力，并进一步满足人民对美好生活的需求，我们必须在文化的内容和表现形式等多方面推进创新工作。

（二）是坚定社会主义文化自信的必然选择

“文化自信是更基本、更深沉、更持久的力量。”自从改革开放以来，随着对外交流的日益频繁，中国人民逐渐意识到了与西方国家之间的差异，这导致了一部分人在不知不觉中接受了西方的话语模式。然而，进入新时代后，中国经济持续保持中高速增长，国家综合实力得到了显著提升，中国的解决策略也获得了国际社会的广泛认同。实践证明，中国人民应当坚定信念，从中华优秀传统文化中汲取力量，建立一套适应自身发展需求的话语体系。

（三）是提高国家文化软实力的必然途径

在当今世界正经历深刻变革与调整的大背景下，各国思想文化相互交融碰

撞，中国面临西方价值观的影响与挑战。要在新时代国际竞争中占据主动地位，中国亟须打造强有力的话语体系，以增强国家的影响力和吸引力，这离不开坚实的文化软实力作为后盾。鉴于此，提升国家文化软实力，展现中华文化独特的魅力，已成为当务之急。中华优秀传统文化拥有超过五千年的悠久历史，是我国文化软实力的重要源泉，我们必须珍惜这一宝贵资源，将其转化为发展的动力，通过创新手段让中华优秀传统文化更好地服务于民众的精神需求，并深入探索其在现代社会中的价值体现。

（四）是实现中华民族伟大复兴的根本保证

中华民族的伟大复兴，一直是近现代以来华夏子孙共同的理想与奋斗方向。在这个过程中，中华传统文化的创造性转化与创新发展，成为实现这一历史使命不可或缺的一部分。相比于经济和政治层面的影响，文化的影响力对于一个民族来说更加深远且持久。纵观世界历史，每一个崛起的强国无不兼具雄厚的经济力量与深厚的文化底蕴。若一个民族的发展与其文化传承相脱节，那该民族的持续进步就会面临巨大挑战。因此，中华民族的伟大复兴必然要求中华传统文化的繁荣兴盛。这是因为中华传统文化作为民族的根基，不仅是广大人民认同的历史文化遗产，也是确保国家稳定与民族团结的关键因素，并且为中华民族的前行提供了源源不断的精神动力。更重要的是，中华传统文化的复兴意味着在当代背景下，对其既有精华进行批判继承，并在此基础上进行创新发展。唯有如此，才能让传统文化焕发出新的生命力与内涵，进而为中华民族的伟大复兴注入强大的精神力量。

（五）是中国共产党必然肩负的文化使命

文化使命是民族使命的组成部分。中国共产党肩负着领导中国人民实现中华民族伟大复兴的历史重任，自然也承担着复兴中华文化的使命与责任。中华优秀传统文化是中华民族宝贵的精神财富，是每一位中华儿女都应该自觉保护、传承和弘扬的珍贵遗产。作为代表民族根本利益并致力于民族复兴的政党，中国共产党更应当义不容辞地承担起保护、传承和弘扬中华优秀传统文化的责任，这是党带领中华民族迈向伟大复兴的必由之路。

将马克思主义理论与中国的民族文化相融合，是其实现本土化发展的必然选择。中国共产党秉持马克思主义的同时，也认识到传统文化的价值，并积极从中汲取有益成分，促进其与马克思主义理论的结合。这样做不仅增强了中华优秀传统文化在党的革命斗争和治理国家过程中的积极作用，也彰显了中国共产党在传承和发扬中华优秀传统文化方面所肩负的历史责任。因此，在当代，推进中华优秀传统文化的创新转化与发展，成为中国共产党践行其文化使命的具体体现。

改革开放以来，中国共产党逐步将中华优秀传统文化纳入国家文化建设之中，不断提升其地位，并积极探索促进中华优秀传统文化创新发展的途径，提出了传统文化应“与当代社会相适应，与现代文明相协调”的方针。

二、推进新时代中华优秀传统文化创新发展的重要作用

新时代是中国即将迈入强国行列、实现中华民族伟大复兴的关键阶段，也是推动社会主义现代化与民族复兴的重要历史时期。历经四十余年的改革开放，中国特色社会主义已取得显著成就。但在硬实力显著增长的同时，文化软实力仍有待加强。深度发掘中华优秀传统文化中的宝贵资源，促进中华文化的再繁荣，对于在意识形态领域凝聚全国各族人民的广泛共识，增强国家的文化竞争力，以及持续推动中国特色社会主义的发展，使中华民族在全球舞台上更具影响力，都具有十分重要的意义。

（一）有助于为人民提供更好的精神指引

文化是民族的血脉，是人民的精神家园。建设社会主义现代化强国的基础在于增强人民的力量，而增强人民力量的核心在于提升其精神境界。“人民有信仰，民族有希望，国家有力量。”社会主义文化建设的重要任务是不断为人民提供坚实的思想保障、强大的精神动力和丰富的道德滋养。在新时代，人民对美好生活的期望相比以往，更加注重精神层面的需求，“满足人民过上美好生活的新期待，必须提供丰富的精神食粮”。文化创新是满足新时代人民精神需求的关键途径。深入发掘中华优秀传统文化中的丰富思想资源，并对其进行创新与转化，有助于更好地充实人民的精神世界。习近平总书记指出：“对历史文化特别是先人传承下来的道德规范，要坚持古为今用、推陈出新，有鉴别地加以对待，有扬弃地予以继承。”

（二）有助于提升国家文化软实力支撑

提升国家文化软实力对于实现全面现代化及民族复兴至关重要。文化软实力作为国家综合实力不可或缺的部分，主要由文化、政治价值观及外交政策构成，而文化则是这一力量的核心。为加强文化软实力，推动文化创新至关重要。一个国家的文化软实力不仅基于其文化理念和价值取向，更在于能否有效地利用并持续创新这些资源。虽然我们拥有深厚的中华优秀传统文化底蕴，但由于缺乏创造性转化和创新性发展，许多传统元素未能得到充分挖掘和应用。因此，为了在全球文化竞争中占据一席之地，我们必须致力于中华优秀传统文化的创造性发展，并将其精髓融入当代社会的思想体系和价值观之中，以增强中华文化在现代世界的吸引力，进而有效提升我国的文化软实力。

（三）有助于中华文化更好地为世界文化交流发展作出贡献

中华文明曾是全球文明史上的一道亮丽风景线，为人类的进步贡献了非凡的智慧。中华民族之所以能够在历史上享有崇高地位，并长久地活跃于国际舞台，依靠的主要是其卓越的文化成就，而非单纯依靠经济或军事实力。然而，自近代以来，在西方工业文明的影响下，中华民族的步伐有所放缓，西方现代文化在某些方面也超前于中国传统文化。如今，在中华民族伟大复兴的过程中，中华文化正承载着社会主义建设的丰硕成果，秉持着构建人类命运共同体的精神，以及提供解决世界问题的中国智慧与方案，重返世界舞台中央，成为推动世界文明和人类社会发展的重要力量。立足于优秀文化，通过文化创新来振兴国家，是中华民族得以坚韧不拔、稳健前行的重要原因。习近平总书记指出："推动中华文明创造性转化和创新性发展，激活其生命力……让中华文明同世界各国人民创造的丰富多彩的文明一道，为人类提供正确的精神指引和强大的精神动力。""人类命运共同体"的新理念和"一带一路"的实践作为中华文化创新的成果，有力地促进了世界的和平与发展。秉承"各美其美，美人之美，美美与共，天下大同"的精神，中华文明与其他文化在平等的基础上交流互鉴，共同进步，为世界文明与发展作出更大贡献。

第二节　弘扬与创新中华优秀传统文化的原则及策略

在漫长历史演进中形成的中国传统文化，既包含了值得弘扬与创新的精华，也存在需要摒弃的糟粕。这些精华与糟粕并非完全分离，其中一些明显的糟粕如等级观念、宗派主义、盲目的忠诚与孝道等容易识别，而另一些则与优秀文化交织在一起，难以简单区分。因此，我们需要进行细致的甄别与筛选，做到"循其旧法，择其善者而明用之"。

一、弘扬与创新中华优秀传统文化的原则

推动中华优秀传统文化向前发展的目的在于使其焕发新生，而传承则是发展的基石，发展则能使这些宝贵的文化遗产在当代展现独特魅力。唯有不断地对中华优秀传统文化进行创造性转化和创新性发展，才能展示出其丰富的历史积淀与现代价值。在传承与创新的过程中，应该遵循以下几项原则。

（一）坚持先进文化前进方向原则

在全球文化产业竞争日益激烈的背景下，我们需意识到各国已在文化产业中建立了各自的优势领域，明确我国文化产业的发展方向是保障其安全的关键措

施。为了在我国文化产业中找到相对优势，使其在国际文化交流中符合文化大国的地位，我们需要清晰界定文化产业的不同类别，并结合我国传统文化的优势与全球文化产业的趋势来制定发展战略。

目前，文化产业可大致归类为四大类型：资源驱动型、科技驱动型、管理驱动型及创新创意型。这四类产业各自以其独有的自然资源、关键技术、运营能力和原创内容为关键因素，并呈现出逐步升级的趋势。开发资源驱动型文化产业，能够充分利用我国丰富的自然景观与历史文化遗产，发挥本土特色。而科技驱动型与管理驱动型文化产业，则是建立在高效管理和先进科技基础上，这两类产业的作用类似于经济体系中的制造业部门，是我国文化产业的基础支柱。不过，我国在这两种类型文化产业方面的发展仍有待提高。根据全球文化产业的演进方向，创新创意型文化产业以其内容创造为核心，正引领着未来的产业发展趋势。

考虑到各种因素，我国文化产业的战略定位应当首先稳固资源型文化产业的基础地位，积极把握当前国际环境下发达国家向外迁移文化产业制造环节的契机，以此促进我国在管理型和技术型文化产业方面的能力提升。与此同时，着重推进创意型文化产业的发展，以此带动整个文化产业实现质的飞跃。

（二）坚持文化产业“走出去”原则

由于文化产业具有意识形态和经济的双重属性，在发展过程中，各国均致力于面向全球市场，旨在同步提升经济收益和确保文化安全，这一点是显而易见的。因此，实施文化产业“走出去”的战略是必要的。

第一，放宽市场准入的限制，以此激发国有与民营企业在文化产业中的活力，并有效集合国家与地方的文化资源，巩固文化产业的基础。与此同时，参照国际惯例，开展跨国文化代理与中介服务，建立新的文化出口工作机制。

第二，积极促进文化企业按照国际市场的标准，打造具有国际竞争力的文化产品。这就要求根据各国不同的文化背景与消费特性，对国际市场进行细分，并开发多样化产品，以减少文化同质化的现象。

第三，充分利用加入世界贸易组织后所带来的国际文化贸易平台的优势，优化我国对外文化贸易机制。为国内文化企业进军国际市场提供坚实的金融支持和法律保障，建设具有国际竞争力的文化贸易体系，从而不断增强我们的文化自觉性、文化自信心和文化自主性，进一步提升国家的文化软实力。

（三）坚持传统文化精神与时代精神相结合原则

在传承和发展中华优秀传统文化的过程中，必须紧密贴合当代中国的现实情况。一方面，我们要让中华优秀传统文化随着时代的步伐前进，将其与党领导人民在不同历史阶段所形成的革命精神和建设理念结合起来，赋予传统文化新的时代内涵。另一方面，要认识到中华优秀传统文化在我国“文化强国”战略中的重要位置，努力实现传统文化的价值观与社会主义核心价值观的一致性。习近平总书记在北京大学师生座谈会上强调：“中华优秀传统文化已经成为中华民族的基因，植根在中国人内心，潜移默化影响着中国人的思想方式和行为方式。今天，我们提倡和弘扬社会主义核心价值观，必须从中汲取丰富营养，否则就不会有生命力和影响力。”深入挖掘并阐释传统文化的思想价值，不仅对于建设社会主义先进文化具有奠基意义，也为研究传统文化提供了重要的理论指导。唯有将传统文化的精神内核与当今的时代精神相融合，才能使其成为推动现代化建设的强大动力，从而更好地传承和发展中华优秀传统文化，为塑造我国社会主义核心价值观和促进人类文明的进步贡献独特的智慧和力量。

（四）坚持文明对话交流、继承与创新相结合原则

在经济全球化的背景下，弘扬优秀传统文化需要树立包容与开放的理念，通过积极的文明对话与交流来吸收和借鉴外来文化的有益成分。随着世界的日益开放，人类历史积淀的优秀文化成果正逐渐成为全人类共享的财富。任何一种文化的发展都离不开与其他文化的互动，通过这种互动可以从其他文化中汲取精华，促进自身文化的进步。习近平总书记指出：“我们要虚心学习借鉴人类社会创造的一切文明成果。”文明对话与交流不仅是促进文化之间的流通，更是为了推动中华优秀传统文化的发展与进步，使其能够适应经济全球化和现代化发展的需求。实现中华优秀传统文化的现代化，必须坚持以马克思主义的基本立场、观点和方法为指导，批判性地吸收外来文化中的合理成分，兼容并蓄，博采众长，在继承传统的基础上推动中华优秀传统文化的创新与发展，使之不断升华。

（五）坚持优秀文化遗产保护与开发利用相结合原则

中华优秀传统文化是中华民族的根基与灵魂，无论中国社会如何发展，都必须扎根于这一文化传统之上，否则就如同失去了源头的水流、失去了根基的树木。首先，要阐明每个国家和民族因其独特的历史传统、文化积淀和基本国情，其发展道路自然会呈现出各自的特点；其次，中华文化蕴含了中华民族最深层次的精神追求，是民族绵延不绝、蓬勃发展的根源；再次，中华优秀传统文化是中华民族的独特优势，是我们坚实的文化软实力来源；最后，中国特色社会主义深深扎根于中华文化的沃土之中，反映了中国人民的意志，适应了中国和时代进步的需求，拥有深厚的历史根基和广泛的现实基础。唯有在深刻理解中国优秀传统文化的基础上，弘扬并创新传统文化，才能在传承发展中形成具有中国特色、风格与气派的文化形态，从而增强文化自信。优秀的民族文化遗产不仅是文化产业发展的宝贵资源，更是中华民族恒久的精神家园。

当前，在文化遗产的保护与利用工作中常常出现单一化的问题。一方面是过于注重文化遗产的原貌保护，而忽视了其开发利用的重要性，导致这些文化遗产在现代社会中仅仅作为历史遗迹存在，无法在实际生活中产生积极的影响；另一方面是过于追求经济效益，导致对文化遗产的过度开发，使保护工作无法得到足够重视，甚至引发遗产损毁的情况。面对这一现状，我们看到一些经济强国正在利用自身产业优势，加速对那些在文化产业方面较为落后国家的优秀文化遗产进行掠夺性开发。作为有着五千年历史的文明古国，中国丰富的文化遗产成为了某些文化产业强国觊觎的对象。因此，迫切需要提升文化遗产保护与合理利用之间的平衡能力，这是在全球化进程中继承和发展中华优秀传统文化的必然选择。中华优秀传统文化遗产不仅需要在全球化的挑战中得到妥善保存，还需要通过科学合理的利用与开发，促进社会进步和经济发展。

二、弘扬与创新中华优秀传统文化的策略

（一）加强和重视中华传统文化的价值体系构建

中华传统文化具有明显的整体性，各类文化表现形式相互交织、相互影响。要深入理解中国文化的总体特征与实质，必须从多个角度进行全面的认识。在中华传统文化中，“孝、悌、忠、信、礼、义、廉、耻”被看作是为人处世的基本准则，也是孔子德育思想的核心内容。诸如“仁义礼智信”“和谐至上”“兼爱”“尊贤”“自强不息”等文化理念应该被积极传播，并成为学习传统文化的重点内容。对于西方文化中的科学态度、民主观念、法治意识和人权理论等积极成果，我们应该借鉴马克思主义的学习方式，加以吸收、理解和整合，使之成为中华文化的一部分，从而使中华传统文化的价值体系更加完整。传统文化中那些过时、落后、不合时宜的成分已不能满足中国特色社会主义现代化建设的需求，必将在文化自我更新的过程中被逐步淘汰。中华传统文化的传承与发展应具备面向现代化、面向世界、面向未来的视野，坚持保留精华、剔除糟粕，古为今用、洋为中用的原则，从而构建一个更为完善的传统文化价值体系，使优秀的中华传统文化得以发扬光大。

（二）构建现代文化产业体系，发掘中华优秀传统文化

为了解决人民群众不断增长的文化需求，并促进文化产业的进步，加强传统文化产业的发展显得尤为关键。为了有效地推动我国传统文化产业迈向新的台阶，我们应该积极采用现代科技手段，并尝试创新传统文化产业的运作方式。各地需要结合自身的特色与长处，制定出合理的空间布局策略，并发掘发展潜力，形成符合当地实际情况的传统文化产业发展模式。此外，应该让市场机制发挥更

大作用，通过改革和整合文化企业，促使文化资源流向那些拥有较强竞争力的企业和领域，支持新兴文化企业的成长，加快技术融合的速度，加速关键技术的研发与应用，迅速将创新成果转化为实际生产力。这样做不仅能够丰富和深入挖掘高质量的传统文化内容，还能提高传统文化产品的品质，进而增强文化企业在国际市场上的竞争力。

应不断寻找新的切入点，推动文化产业与其他行业的融合与创新，深化文化产业的结构调整。促进文化产业与农业、工业及服务业的横向合作，推动产业融合与产业链延伸，增加文化产业的价值含量。重视高端传统文化品牌的打造，树立良好的品牌声誉。借助高等院校与科研机构的研究实力，建立健全的传统文化技术创新体系，提升文化产业的核心竞争力。强化传统文化创意与文化企业的结合，同时将城市建设与农村发展纳入传统文化建设的整体框架，实现协调发展与科学布局，提升城乡建设的文化品位。吸引更多资金投入文化产业，推动传统文化事业的壮大与发展。

（三）树立文化品牌意识，创建名牌文化工程

一个国家的软实力很大程度上源于自身的文化，如今，一个国家的软实力已经成为评价这个国家综合国力的重要标准之一。传统文化要想持续发展，核心在于改革与创新，特别是要不断创立拥有自主知识产权的文化品牌。在全球化背景下，国际竞争日趋激烈，我国的文化市场正面临着来自西方文化的侵蚀与挑战。面对这一局面，我们必须发展具有中国特色的传统文化品牌，并积极参与国际竞争。为此，我们需要不断引进国外先进的文化内容、技术和管理经验，学习他们在传承传统文化方面的有效做法，同时深入挖掘我国特有的传统文化资源。凭借我国地域广阔、文化资源丰富的优势，加大在传统文化创新方面的投资力度，创造出具有独特性的文化品牌。此外，我们还要鼓励和支持有能力的文化企业和优秀的文化品牌走向国际市场，与国际品牌展开竞争，从而提升中国文化和传统文化产品在全球市场中的核心竞争力。

为了更好地满足公众对于传统文化的新需求和审美趋向的变化，我们应该持续推动传统文化内容和形式上的革新，促进不同艺术类别与传统文化活动之间的相互融合，并积极运用现代技术如声音、光线和电子设备等来提升传统文化的表现效果，从而实现题材、类型、风格及表达方式的多样化发展。此外，应当充分利用现代科学技术来挖掘和开发民族文化资源，对传统产业进行升级转型，催生新型文化产业形态，大力发展诸如文化创意产业、文化展览、动漫游戏及数字媒体传播等新兴行业，加速构建一个高效且便捷、覆盖广泛的传统文化传播网络。通过组织富有地域和民族特色的各种文化活动，如举办文化艺术节、特色旅游项目及传统的节日庆祝活动等，可以进一步丰富我国的文化生活。例如，北京的京

剧和庙会，天津的狗不理包子文化节，河南的《武林风》和《梨园春》电视节目，云南的云南印象演出，东三省的二人转，陕北的信天游，以及闽台地区的妈祖文化庆典等，这些独具特色的活动不仅成为了各自区域的文化标志，也展示了中华优秀传统文化的魅力。通过创建这样的文化品牌，我们能够确保中国传统文化事业的持续发展，并且一代又一代地传递下去。

（四）依托现代传媒技术，拓宽传统文化的传播途径

随着网络信息时代的来临，现代传播技术和手段得到了前所未有的拓展，这为中国传统文化的继承与发展提供了新的机遇。我们应该抓住这个机会，利用网络、虚拟社群及多媒体平台来更有效地推广传统文化，提高其在实际生活中的传播效率，从而在新时代背景下建立起传统文化的持续影响力。网络信息技术以其易传播、成本低廉和高质量的优势，几乎整合了传统传播媒介的所有长处。通过现代传媒工具和系统，传统文化内容得以焕发新生，多样化的呈现方式让公众能够从多个角度了解传统文化。如今，移动媒体平台已经融入了日常生活，人们可以随时获取传统文化的相关信息。而“互联网 +”的传播模式更是推动了传统文化向产业化方向的发展，市场上的相关产品和服务也因此获得了广泛的认可。

通过使用微信、微博、博客、论坛和 QQ 等社交平台，人们在互动交流中接触到了更多关于传统文化的信息。这种基于分享的传播模式赋予传统文化以现代气息，同时也强化了其在当代社会的意义。利用多媒体渠道，传统文化以音乐、视频等多种创意形式展现，为公众带来了一系列的艺术享受，从而使传统文化更加贴近人们的日常生活。在这个渐进的过程中，传统文化逐渐深入人心，公众对其的理解也日益深刻。

例如，虚拟现实技术（Virtual Reality，VR）为公众开启了一个可感知却不可实际触及的虚拟世界。随着 VR 技术的不断进步，它现在能提供包含视觉、听觉乃至触觉在内的全方位沉浸式体验。这种融合多种感官的技术为传统文化的延续开辟了新的途径，使人们足不出户便能身临其境地感受完整的清代圆明园景色，见证明朝长城的壮丽景象，或者是在《清明上河图》所描绘的宋代繁华街市中畅游。高科技的应用让民众能够以更加全面、多维且互动的方式体验并欣赏中华文化的精髓，这一切都变得切实可行。

（五）加大社会舆论宣传力度，营造良好社会氛围

软环境的核心在于思想氛围和舆论导向。随着市场经济的深化和技术手段的普及应用，我们需要更加重视正确的舆论指导，并不断提升舆论管理的效能。在这样的大环境下，我们要强化舆论的正向引导，增强舆论的实效性，加大文化宣传的力度，面向社会全体成员，持续提高积极宣传的实际成果。我们要坚持团结

稳定、正面宣传的原则，充分发挥主流媒体的作用，利用新闻媒体和社会舆论的力量加强宣传工作，完善文化服务设施，促进健康的文化生活方式和趋势的形成，扩展文化的影响力。与此同时，必须高度关注互联网等新媒体的使用与管控，在增加网络文化产品和服务供给的同时，切实加强网络舆情的监控、分析和评估，及时公布权威信息，主动介入网络舆论的引导，在重要议题上有所作为，在紧要关头发声，确保在话语主导权和主动性方面占有优势。

为了加强文化宣传，我们需要深入基层，贴近百姓生活，广泛吸引群众参与。为了更好地实施文化惠民政策，必须确保满足群众的基本文化需求，并保障他们的文化权益。这要求我们在工作强度和资金支持上加大力度，同时提升服务质量与标准，改进操作流程和管理体系。我们应该支持并鼓励群众自发组织多种多样的文化活动，激发乡村和其他基层地区的文化活力，并逐步扩大这些活动的规模。为了建立更完善的机制并拓展更多的途径，我们需促使乡村文化活动成为常态，并将其纳入制度化轨道。继续推广广播电视电影进入乡村，构建并完善覆盖农村的文化信息网络，优化农村文化服务系统，提高服务质量，实现资源共享的目标。在农村地区建设一批重点文化项目，以此为基础形成城乡统一的文化服务体系。合理配置城乡间的文化资源，将文化发展的重心置于基层，优先考虑基层的文化设施建设，积极推动"公益文化建设"项目，开展各种形式的文化下乡和进社区活动，如送书籍、戏剧和电影等。此外，还应该广泛宣传各地区特有的传统民俗文化和民族节日庆典，如北京春节的庙会、西双版纳的泼水节、闽台地区的妈祖纪念活动及蒙古族的那达慕大会等。通过电视、广播、电影、报刊、杂志及互联网等多种媒体工具，增强对民族特色文化和传统文化的宣传力度，扩大其在民众中的影响力，从而巩固和扩大我们的群众基础。

（六）积极吸收其他国家包括西方国家的文化精华

毋庸置疑，每一种文化在其特定的历史阶段都承载着进步的意义，同时也受到时代的限制。西方的理性主义思想不仅开启了西方现代化的大门，也促进了整个人类社会的历史发展。与中华优秀传统文化相比，理性主义文化体现了更高层次的生产力水平，是对封建社会中基于自然主义的生产方式的一种超越，具有历史的进步意义。但是，理性主义文化的发展，并不代表可以忽视中华优秀传统文化中所包含的人类共同追求的持久价值。

在西式现代化的进程中，尽管理性主义文化曾一度推动了西方社会的现代化发展，但其内在的资本主义特性逐渐暴露出在促进个人全面发展和社会健康运作方面的不足，其历史局限性也随之显现。然而，这并不意味着理性主义文化的价值完全丧失。从整个人类精神演进的角度来看，全人类的精神财富是累积的、互补的，并且朝着一致的方向发展。因此，在对待不同文化时，应当保持开放包容的态度，在多元文化交流与相互学习的过程中，推动中华优秀传统文化的创新与发展。西方文化与中国传统文化之间不是简单的取代或竞争关系，每种文化都有其独特之处和内在的精神实质，它们都是为适应特定历史时期和民族需求而形成的。我们应该秉持和谐共存、互学互鉴、扬长避短、共同繁荣的原则，真正实现各自文化的独特魅力展示、欣赏他者的美好、共同促进文化的多样性与和谐共生，最终达到天下大同的理想。

积极吸收包括西方国家在内的其他国家的优秀文化成果时，首先应当基于本国的实际发展状况，坚守自身文化基础。在借鉴西方文化的过程中，我们需要采取科学严谨的态度，积极采纳其中有价值的元素，同时警惕盲目模仿或不加选择地全盘接受的现象。其次，在引进和学习西方及其他国家的先进文化理念时要避免两种极端心态：一种是过分自信，另一种则是自我贬低。这两种心态都是在近现代中外文化交流中常见的误区。在这一过程中，我们应该明白文化交流是一个双向互动、平等的过程，不同的文明之间不存在绝对的优劣之分，因此要杜绝任何形式的傲慢或自卑情绪。

第三节　中华优秀传统文化与社会主义核心价值观的融合

社会主义核心价值观是中国共产党在思想文化领域长期探索的成果，具有重要的理论和现实意义。学者刘书林认为社会主义核心价值观有三个来源：中国传统文化中的价值资源、西方文化传统中的价值资源以及社会主义特别是马克思主义文化传统中的价值资源。中华传统文化拥有其独特的精神追求、精神标识和完整的价值体系。习近平总书记多次强调：“培育和弘扬社会主义核心价值观必须立足中华优秀传统文化。”

一、中华优秀传统文化是构建社会主义核心价值观的民族基础

社会主义核心价值观是在文化体系中处于核心位置的重要理念，它深刻地影响着人们的思考方式、行动标准、价值判断、审美倾向、心理状态及道德风范，并且是促进民族持续发展和社会前进的关键动力。党的十八大报告中明确提出：“倡导富强、民主、文明、和谐，倡导自由、平等、公正、法治，倡导爱国、敬业、诚信、友善，积极培育社会主义核心价值观。”倡导社会主义核心价值观的目的在于从思想意识领域出发，通过国家、社会和个人这三个方面来设定合理的价值指引，从而引导社会的思想潮流并增强社会的整体凝聚力。

在当前阶段，建设具有中国特色的社会主义核心价值观应当依据以下几个原则：首先，必须坚持以社会主义核心价值体系为基础；其次，需要做到将我国优

秀的传统文化精髓与当代精神相融合；最后，还应当吸收人类文明中那些具有普遍价值的精华部分。毋庸置疑，中华优秀传统文化构成了社会主义核心价值观的民族文化基础及其理论来源。社会主义核心价值观植根于中华优秀传统文化的精神沃土，是对传统的现代化解读与发展。

中华传统文化中的核心价值观，如仁爱、正义、礼仪、智慧、诚信等，体现了以人为本、重视道德、追求平衡和谐及务实理性的深厚文化底蕴，这些成为了中华民族数千年文化传承的基石。建立稳固的价值观体系，对于国家的稳定发展和民族的持续兴盛至关重要，同时也是向世界贡献中国文化价值观的前提。探索如何创新性地发掘传统文化中的积极价值元素，并赋予其现代解释，使之与当今时代的文化精神相契合，是中国特色社会主义核心价值观构建的思想源泉之一。在这方面，孙中山先生曾经用“忠孝、仁爱、信义、和平”八个字概括了中华传统价值观的特点。他提到：“讲到中国固有的道德，中国人至今不能忘记的，首是忠孝，次是仁爱，其次是信义，其次是和平。”虽然这里提到的是传统的道德理念，却反映了中国的核心价值理念，值得我们深入探讨和发扬。这是重建民族文化自信、弘扬民族精神的重要步骤和条件。

中华传统文化中的核心理念，如忠诚、孝顺、仁慈、诚信及和平，体现了独特的文化价值观，并且与“仁、义、礼、智、信”的传统美德紧密相连。这些理念虽然根植于古代智慧，但与近现代西方社会强调的“自由、民主、平等、博爱、人权”等原则相互呼应，彼此之间形成了有益的互补关系。这些传统的价值观，在当代也与国家提出的社会核心价值观，如爱国主义、社会和谐、诚实守信及仁爱之心等方面有着内在的一致性。在传承和发展中华优秀传统文化的过程中，我们应当积极吸收外来文化的有益成分，做到兼容并蓄，广泛汲取各种文化的优点。与此同时，我们还需要深入探究传统文化中蕴含的现代价值，使其成为中华民族在全球文化版图中的独特标识，并为我国的现代化建设提供强大的精神支撑与驱动力，同时也为全球文化的发展作出贡献。

二、社会主义核心价值观是对中华优秀传统文化的超越升华

社会主义核心价值观不仅吸收了中华优秀传统文化的精华，而且并非简单地复刻传统。作为一个指导新时代思想潮流的价值体系，它展示了与时俱进的先进特性，并体现了对传统文化精髓的继承与创新发展。该价值体系在保留传统优秀文化成分的同时，成功地将古老的智慧转化为现代的应用，并加以升华。

（一）社会主义核心价值观是对传统文化中爱国主义思想的超越

中华民族自古以来就有着深厚的爱国主义传统，但在封建时代，这种爱国之情往往与对君主的忠诚紧密相关，带有浓厚的封建色彩。随着时间的推移和社会

的进步，爱国主义逐渐摆脱了对君权的依赖，转变为对国家领土和全体人民的广泛热爱。从孟子提倡的“民为贵，社稷次之，君为轻”到于谦所言的“社稷为重君为轻”，这些思想都体现了爱国主义的核心——对人民福祉和民族命运的深切关注。进入现代社会之后，爱国主义展现出与时代同步发展的特性，在各个时期都有着不同的表现形式。在当今时代，爱国主义体现为人民对自己祖国的深厚感情，这种感情与推动历史进步和社会发展密切相关，并且与捍卫国家独立和保障人民的根本利益不可分割。在当前阶段，爱国主义不仅表现为维护国家和民族的统一，捍卫领土完整与主权独立，更延伸至国际领域，致力于促进世界的和平与稳定。真正的爱国行为涵盖了对祖国自然环境、文化遗产和多民族团结的珍惜，支持祖国的建设与发展，增强对祖国的归属感、荣誉感和认同感，坚定地沿着中国特色社会主义的方向迈进，为实现中华民族伟大复兴不懈奋斗。

（二）社会主义核心价值观是对传统“平等”“公平”思想的超越

中国传统文化中包含了许多关于平等与公平的思想，例如，“天下为公”“人皆可以为尧舜”以及“王侯将相宁有种乎”等观念，这些都反映出对平等与公平的向往。但从整体来看，传统文化中的这些观念依然存在一定的局限性，往往带有较强的平均主义色彩。相比之下，社会主义核心价值观所倡导的“自由、平等、公正、法治”则是为了实现更加广泛和深层次的社会平等与公平。这不仅涵盖了人们在身份上的平等、在法律面前的平等及享有发展机会的平等，还包括了共享社会发展成果、公共资源、公共产品和服务的权利。由此可以看出，社会主义核心价值观是对传统平等与公平理念的超越与创新发展。

（三）社会主义核心价值观是对传统道德规范的超越

当前，中国人民正承担着推进社会主义现代化建设及实现中华民族伟大复兴的历史使命。为了达成这一宏伟蓝图，迫切需要确立一套全新的价值体系与伦理标准。社会主义核心价值观不仅是对传统道德的继承，更是将其提升至社会主义意识形态的层面，明确展示了在新时代下，中国共产党的理论方向与精神风貌。因此，可以说，社会主义核心价值观代表了对传统道德观的系统升级与创新发展。

三、立足中华优秀传统文化，培育和践行社会主义核心价值观

社会主义核心价值观不仅体现了建设中国特色社会主义的政治抱负，还继承并弘扬了中华优秀传统文化和民族精神，其中包括先贤们提倡的“以和为贵”“天人合一”“兼容并蓄”等理念，以及爱国、诚信、个人品德修养等传统美德。为了更好地传承这些优秀的传统文化，并落实社会主义核心价值观，我们需要在以

下几个方面做出努力。

（一）通过全面的社会治理，形成健康向上、崇德向善的正风正气

在推动社会主义核心价值观的实践中，应深入挖掘中国传统文化中的积极因素，利用这些丰富的文化积淀来提升人们的道德情操和文明水平。可以通过多样化的渠道和方式，帮助大众树立正确的是非观、荣誉观，增强辨别能力和道德意识，进而营造一个崇尚正义、明白荣辱、促进社会和谐的环境。同时，树立道德标杆是十分必要的，因为这些模范人物可以作为人们效仿的典范。如今，在社会各领域出现的众多“最美人物”，如吴菊萍那样的“最美妈妈”、陈贤妹那样的“最美婆婆”、张丽莉那样的“最美教师”，以及吴斌那样的“最美司机”，他们的善行义举感动了无数人。事实上，“最美”的品质就存在我们的日常生活中，需要我们去发现这些闪光点，鼓励这些行为，传递积极向上的力量，并争取成为这样的“最美”典型。因此，共产党员和领导干部应该走在前列，以自身的实际行动践行社会主义核心价值观，通过他们的表率作用和高尚情操来引领和带动全社会。

依据社会主义核心价值观的基本原则，应当完善各行业领域的规章制度，更新市民公约、乡村条例和学生行为守则等，确保这些规范能够体现社会主义核心价值观，并成为人们日常生活中的行为指南。此外，还需要加快构建政府诚信、商业诚信、社会诚信及司法公正的体系，建立一个涵盖全社会的信用管理系统，以此来表彰诚信行为并有效约束不诚信的行为。

（二）重视家风教化，让核心价值观教育生动“落地”

青少年是国家和民族未来的希望。在培育社会主义核心价值观的过程中，应从孩童时期抓起，重视青少年高尚情操的养成与良好习惯的培养，因为这些好习惯将会对他们的一生产生积极影响。家庭作为社会的基本单元，其家风的优劣直接关系到社会风气的健康与否，同时也是青少年接受道德熏陶和个性塑造最自然、最有效的场所。

家风作为一种无形的教育力量，默默地影响着孩子们的心灵成长。在中国的历史长河中，许多有识之士致力于在家庭内部培养成员们的品德与精神风貌，寄望后代能够延续家族的优良传统。从古至今，许多家训和家书得以流传，如《颜氏家训》《温公家范》《何氏家训》《朱子家训》《曾国藩家书》等文献，无不充满了中华传统美德，反映了中华民族的价值观念及其精神追求。我们应当珍视并传承这些宝贵的文化遗产。

（三）注重立德树人，学校教育应采用灵活多样的形式

在中小学教育中，培养核心价值观应当采取融入式而非填鸭式的教学方法，通过多样化且富有吸引力的活动，让青少年在愉悦的氛围中得到熏陶，在日常生活中潜移默化地受到影响。为了配合这一目标，教育机构可以编制适用于各个年龄段学生的《行为礼仪规范手册》。此外，还应重视非物质文化遗产的教学传承，开发相关课程资料，将非物质文化遗产引入校园和课堂。这些教材应针对中小学各年级的具体需求设计，做到图文结合、生动有趣，既能传递传统文化或民族文化方面的知识，又能激发学生的学习兴趣和探索欲望。教材中应包含讨论与互动环节，同时强调将所学知识应用到日常生活与实践活动中，使青少年能够在学习过程中深刻理解并认同中国优秀传统文化，并通过自己的日常行为来体现社会主义核心价值观。

学校可以策划一系列吸引学生的教育活动，比如组织参观博物馆和历史文化遗址，创作并表演新的儿童歌曲，朗诵经典文学作品，观看介绍传统文化的纪录片和高质量影视节目，学习各种民间手工艺和艺术形式，阅读适合其年龄层次的反映中国优秀文化的课外读物，举行经典故事分享会，开展传统文化知识竞赛和书法比赛等。除此之外，还可以组织学生参与社区服务、志愿活动和自理能力培养等活动，让学生通过实际行动来体现社会主义核心价值观。例如，湖北省博物馆与开封市博物馆在寒暑假期间培训小讲解员，让他们为游客解说展览内容，传播优秀的传统文化。这种方法不仅丰富了学生的假期生活，更重要的是它激发了孩子们对祖国和家乡的热爱，提高了他们的综合素质，增强了与他人交流的能力。这样的做法非常值得在全国范围内推广。

总之，我们应当在培育和弘扬社会主义核心价值观的过程中，积极地从中华优秀传统文化中寻找灵感、汲取资源并获得支持。这样做能够增强我们的文化自觉与自信，从而更加有效地发掘和传承中华优秀传统文化，同时更好地弘扬社会主义核心价值观。

第五章　中华优秀传统文化的传承路径

第一节　完善中华优秀传统文化传承机制

一、中华优秀传统文化传承机制现状分析

（一）目前中华优秀传统文化传承存在的问题及原因

近年来，我国在传承与发展中华优秀传统文化及探索其传播方式上取得了令人瞩目的成就，诞生了大量高质量的文化艺术成果。尽管如此，我们仍须清醒地意识到，在弘扬中华优秀传统文化的道路上，仍然面临着诸多挑战和不足之处，这些问题对中华优秀传统文化的健康传承与广泛传播构成了不小的障碍。

建立中华优秀传统文化的传承体系是一个多方面的系统工程，涉及诸多环节。首要任务是对传统文化进行全面评估，提炼其精华，摒弃不合时宜的部分。同时，应强化对中华优秀传统文化资料的整理及出版，推动传统文化典籍的数字化、标准化建设。另外，还需加强对少数民族特色文化的挖掘，以及非物质文化遗产的保护工作。在构建这一传承体系与相关机制的过程中，仍有许多具体问题等待我们去应对和解决。

首先，当前在中华优秀传统文化保护方面的法律法规和政策措施尚显不足。随着时代的变迁和全球经济一体化的加速，特别是在社会主义市场经济体系逐步健全的过程中，人们的生活方式经历了巨大的变革，科技进步日新月异，新兴行业与文化形态层出不穷，这些因素给传统文化带来了持续的压力，甚至使得一些珍贵的传统文化面临消亡的威胁。加之，由于法律制度和政策支撑的缺失，许多民间技艺和文化艺术形式等非物质文化遗产正在逐渐淡出人们的视线，而传统节日与民俗活动也日益失去关注。面对这种情况，公众对于保护中华优秀传统文化重要性的认知仍显不足，保护意识亟待进一步增强。

当前，我国在文化知识产权保护方面存在的薄弱环节，导致一些传统文化元素被其他国家先行注册。比如，2005 年，韩国将我国的传统节日“端午节”成

功申报为联合国教科文组织的非物质文化遗产，此事引起了国人对文化主权的关注。此外，许多在我国逐渐式微的传统文化形式，在其他地区却得到了较好的保护与推广。这些情况反映出我国在传统文化保护方面的工作还需加强，特别是相关法律法规体系需要进一步完善。具体表现在几个方面：一是文化立法的理念需要更新。我国现行的文化及相关行业的法律法规仍带有计划经济时期的烙印，过于侧重惩罚与责任，而没有充分保障文化从业者及相关主体的权利，缺乏服务意识，亟须增强保护意识。二是文化立法的步伐没有跟上文化和时代的快速发展，覆盖面不够广泛，存在许多空白区域。随着改革开放和市场经济的发展，文化产业迅速崛起，与科技融合的速度加快，新兴文化产业和产品层出不穷，需要及时制定或修订法律法规以应对新情况，否则会因为立法滞后而制约我国文化建设的健康发展。三是文化立法的质量、层次较低。当前大部分与文化相关的法规尚属于部门规章，高层级的文化立法较少，全国人大层面的立法尤其稀缺。尽管已有关于加强文化立法的提议，并将部分法律纳入立法计划，但推进速度较慢，尚未见到实质成果。四是文化立法的操作性和执行效果较差。各类法律法规之间错综复杂，界定不清，解释困难，尚未形成一个有机的整体。五是在文化立法方面，我国还需借鉴国际先进经验。在全球化背景下，我国的文化立法不仅要立足国情，也要兼顾国际规则，制定符合国际标准的法律程序，以更好地推动文化产业的发展，使其更快融入国际市场。

其次，缺乏一套完整的中华优秀传统文化传承工作机制与管理体系。缺乏这样的体系，使得文化传承难以有序高效地展开。在市场经济持续发展的今天，文化和市场之间的联系愈发紧密。但是，由于缺乏系统的工作机制和有效的管理手段，文化市场的秩序变得混乱，质量参差不齐。部分文化企业或团体为了追求短期利益，采取过度商业化的操作模式，忽视了社会效益，将传统文化形式和产品当作炒作对象，变成了盈利的工具，从而导致传统文化遭到扭曲，甚至出现庸俗化的趋势。在当前这种“文化为表，经济为里”的模式下，一切活动都以经济效益为中心，导致传统文化逐渐失去其应有的韵味。针对这些情况，相关部门需要采取干预措施，加强管理和控制，以完善现有工作机制。

最后，由于宣传和传播机制不够完善，导致文化品位下降。在如今的市场经济体系中，文化越来越趋向商业化，由于缺乏有效的管理和规范机制，使得部分文化产品的推广成为某些机构及个人追逐经济利益的方式，偏离了重视社会效益及传承优质文化的宗旨。在这一过程中，文化品位因过分迎合市场而逐渐降低。例如，一些电视台忽视了自己的文化定位，没有进行必要的内容形式、运行机制及传播手段的革新。电视节目为了追求更高的收视率而不顾质量，报纸和书籍为了增加销量而牺牲内容深度，经典文学作品的改编也变得随意，这些都使得文化产品的质量大大降低，甚至演变为精神上的污染源。同时，在网络传播中，有些平台和媒体为了吸引眼球，不惜发布庸俗内容，曝光公众人物的隐私，并热衷于负面新闻的炒作，这些行为都在不同程度上降低了整体的文化品位。

因此，要有效传播中华优秀传统文化，就必须建立一套完整的传播工作机制，用于规范和管理传播主体，指导它们采用恰当的传播形式、内容和方法。需要加强并改进新闻舆论工作，坚持正确的导向，包括政治方向、价值取向和舆论导向，不断创新宣传手段，强化对宣传工作的宏观调控与配套服务，并完善舆论监督机制。此外，所有承担弘扬和传播中华优秀传统文化职责的文化、传媒和娱乐企业，都应当牢记自身的社会责任，致力于传播高品质文化，提升整体文化品位，自觉抵制低俗、庸俗和媚俗的行为。

（二）中华优秀传统文化传承在一定程度上受到外来文化的冲击

在当今经济全球化的不断推进中，随着西方资本主义文化的影响日益扩大，这种趋势对中华传统优秀文化的生存与持续发展构成了严峻的挑战。

人们的思想观念受到了极大的影响，导致了文化认同的困惑，并引发了生活方式向西方靠拢的趋势。文化是某一社群或社会在其日常生活中形成并由其成员共享的生存方式的集合。依据这一理解，一个民族的文化核心体现在其生活方式上，这不仅包括价值观、行为规范、生活态度等非物质层面，还包括承载这些文化意义的物质层面。西方国家利用其经济和技术优势，积极进行文化输出，传播其价值观和生活方式，形成了一种文化主导地位，使其文化在我国广泛传播和渗透。在这种环境下，一部分人群，在长期接触西方文化后，倾向于接受并推崇这些外来文化，进而忽视乃至遗忘了本民族的传统文化，这些现象加剧了传统文化的生存压力。

（三）中华优秀传统文化传承存在问题的原因

我国在弘扬中华优秀传统文化方面重视不足，宣传工作也相对欠缺。长期以来，国家过于专注于经济发展而忽视了文化领域的建设，导致对中华优秀传统文化保护的力度不够，从而引发了中华优秀传统文化传承的中断与危机。

二、建立政府主导下的利益导向机制

（一）完善中华优秀传统文化管理制度，加强政府倡导

传承中华优秀传统文化需要政府的大力扶持与有效管理。政府应当设立权威的中华优秀传统文化管理机构，增强管理效能，确保组织与领导工作的有效性，并将各项措施付诸实施，切实履行其职能，彰显中华优秀传统文化建设的重要

性。各级政府部门应将传承中华优秀传统文化纳入日常工作范畴，做好协调与规划，加大宣传力度，出台有利于中华优秀传统文化发展的法律法规和规章制度，完善相应的政策激励机制。同时，明确各部门的责任分工，保证中华优秀传统文化建设的各项举措得到有效落实。此外，还应建立全面的监督、检查和预警机制，强化奖励与惩戒措施，跟踪各项工作的进展情况，细化责任分配，严格控制每一个环节，完善绩效评估机制，将中华优秀传统文化建设与发展纳入领导班子的年度绩效考核指标，作为评价干部政绩的重要参考。这样做是为了激发各级部门的积极性，鼓励全社会共同参与到中华优秀传统文化的建设中来。

在完善中华优秀传统文化建设的目标责任管理体系的基础上，应制定详细的工作流程和日常评估机制，加强对中华优秀传统文化建设项目执行情况的监督与考核，注重实际效果，确保各项建设目标得以实现。紧跟中华优秀传统文化发展新趋势，研究其传播新特点和规律，制定切实可行的实施方案，有效应对中华优秀传统文化建设与发展过程中出现的新问题和新挑战。此外，应将强化中华优秀传统文化建设与弘扬中华优秀传统文化，与经济、政治、社会等领域的各项工作同步规划、同步执行、同步检查，确保各项工作协调发展。

（二）健全中华优秀传统文化建设工作机制，加强部门协作

构建并完善中华优秀传统文化工作机制，对于实现文化强国的战略目标、促进文化繁荣兴盛、传承中华优秀传统文化至关重要。应从继承与创新相融合的角度着手，强化党和政府的统筹安排与领导作用，促使各级部门协同合作，明确各自的职责与任务，从思想层面上充分认识到中华优秀传统文化建设的重要性，动员全社会乃至全国的力量，营造全民参与的工作氛围，激发社会各界投身中华优秀传统文化建设的积极性。依据中华优秀传统文化发展的实际需求，有条不紊地推进中华优秀传统文化工作机制的建立与完善，上下联动，共同努力，把中华优秀传统文化建设推向一个新高峰。

三、切实完善相关政策保障机制

要建立并完善中华优秀传统文化的传承机制，首先必须确保相关政策和法律保障的落实。中华优秀传统文化的传承不能仅仅依靠个人的重视，还需要国家层面提供系统的法律和政策支持，以保障中华优秀传统文化顺畅传播。为此，我们必须充分发挥主动性，制定文化管理政策，科学管理，合理利用文化资源，大胆创新，构建一个全面且科学的中华优秀传统文化建设保障体系。

（一）加大资金投入力度和政策扶持力度

中华优秀传统文化建设是一项复杂的系统工程，需要持续的资金支持作为

基础。若缺乏必要的资金，中华优秀传统文化建设将难以取得实质性进展。因此，我们应该着眼长远，考虑国家未来的发展，增加资金投入，合理规划资金使用，并完善财政和政策保障机制。应当鼓励多元化的资金流入中华优秀传统文化领域，积极拓展资金来源，提高文化事业在财政预算中的比重。加大对中华优秀传统文化产业在土地使用、税收优惠、定价机制和投资激励等方面的支持力度，设立专门基金，并合理安排年度预算，确保中华优秀传统文化建设项目的顺利实施。同时，加大对私营企业和非政府组织参与中华优秀传统文化建设的支持，多渠道筹集资金，强化中华优秀传统文化政策的创新与实施，积极推动传承体系建设。政府应充分发挥其职能，从宏观层面进行指导，从微观层面进行调控，运用多种手段支持传统文化建设，搭建合作平台，加强国际交流与合作，积极参与国际竞争，保护小型和初创文化企业在市场中的生存与发展，营造有利于中华优秀传统文化发展的良好政策环境，从根本上为中华优秀传统文化创造一个广阔的发展空间。

（二）加强基层文化人才队伍建设

在推动中华优秀传统文化产业进步的过程中，人才培养与开发起到了至关重要的作用。为了加强这一领域的人力资源建设，促进文化产业的蓬勃发展，我们有必要吸引大批的专业人才加入。这需要我们紧密结合文化体制改革的步伐，强化人才教育与培训，构建并优化人才培养系统，确保后续培训常态化运作。树立“人才是首要资本”的观念，加快人才引进速度，并配套实施有效的保障机制。高级文化人才不应仅仅集中在城市中，还应广泛分布到城乡各地，积极服务于基层，形成面向基层的服务理念。此外，政府应当把文化产业人才的培育作为优先事项，努力造就一批具备领导力的文化产业领军人物。完善相关制度和政策，为文化人才创造良好的发展平台和工作氛围，以此推动人才队伍不断壮大，从而最大限度地激发中华优秀传统文化的创新活力与创造力。

（三）鼓励各地开展地方特色文化事业

文化的形成与发展是由地理环境、社会形态和生产方式等多种因素共同作用的结果，并在这个过程中自然地融合了该地区的独特传统。随着文化积累的不断加深，地域特征也会愈加鲜明和独特。中华优秀传统文化是由众多民族及其地方特有的文化相互交融而形成的，因此，推动不同地区和民族的文化繁荣，是保持和发扬传统文化的重要方法之一。

推动少数民族文化繁荣的基础在于认识到其对于中华优秀传统文化的价值。为了有效促进少数民族传统文化的发展，我们需要明确方向，肩负起历史赋予我们的使命和责任，不断提升服务于民族地区的能力，确保少数民族群体的基本文化需求得到满足。把促进少数民族文化繁荣提升到国家战略的高度，意味着要加强少数民族传统文化的发掘和保护，特别是加强对物质和非物质文化遗产的维护，并积极推动文化典籍的整理与出版。在此过程中，应坚持务实的态度，依据各地的具体情况，包括经济发展水平、民族习俗等因素，制定出合适的政策措施。为此，必须建立健全民族地区传统文化保护的相关机制，并提供专项优惠政策。深入研究和弘扬各具特色的中华优秀传统文化，促进其持续发展和繁荣。通过这些措施，为少数民族地区的文化进步贡献力量，进而实现国家在民族文化政策和发展建设方面的目标。近年来，国家已经推出了一系列优惠政策和法律规章，切实增强了对民族地区传统文化的支持与保护。

四、以产业化之路推进文化传承机制创新建设

“文化工业”这个概念最初由法兰克福学派的理论家马克斯·霍克海默（Max Horkheimer）与西奥多·阿多诺（Theodor Adono）在 1947 年合作撰写的《启蒙辩证法》一书中提出。在这本书中，他们首次探讨了“文化工业”的概念，强调借助现代技术，工厂可以大量生产标准化、批量化制作的文化产品。这些产品通过诸如电影、电视、广播和印刷媒体等传播渠道，最终到达消费者手中，成为人们的日常消费内容。由此，文化产业化指的是文化产业向集约化、规模化及市场化发展的趋势，其目的在于创造出符合社会需求和公众喜好的文化产品。

随着科技进步和社会经济结构的变化，人们的生活方式日趋多样化，对文化产品的需求也在不断增加。为了满足大众日益增长的文化需求，并推进中华优秀传统文化的发展，我们必须通过文化产业化的途径，促进文化产业取得飞跃式的发展。这就需要我们建立一个现代化的文化产业体系，并持续更新中华优秀传统文化产业的生产方式。改革与创新是中华优秀传统文化持续发展的主要驱动力，改革是推进文化建设的必由之路，而创新则是获取文化发展竞争优势的核心策略。我们必须抓住当前的机会，不断探索文化体制改革的新方向，通过改革激活现有的文化资产，借助创新激发发展的活力。加快文化体制改革的步伐至关重要，特别是要推动国有文化机构的改革，加快其向企业化运营转变的速度。此外，还应该正确引导民间资本和私营文化企业的投入，鼓励它们以多种方式参与到国有文化机构的企业化改造中，促使文化生产和相关社会资源向文化产业集中，以此支持中华优秀传统文化产业的扩展与壮大，最终达到规模经营的效果。

五、完善依托现代传媒技术的传播机制

提升一个民族文化影响力的基石在于其核心思想内容及其传播效力。随着传播效力的增强，该文化不仅能够跨越更广阔的地域界限，其蕴含的思想理念与价

值观念也能在全球范围内得以广泛传播，从而在全球文化交流中发挥更重要的作用。为增强中华优秀传统文化在国际舞台上的地位，建立并且完善一套符合现代需求的传统文化传播系统显得尤为重要。这就要求我们必须创建一套覆盖全面且技术先进的传播机制。为了实现这一目标，我们需要加强对于报纸、出版机构、广播电台及电视台等各种传播平台的管理，并推动这些传统媒体进行机制革新与创新，以提高国际传播效能，打造具有国际竞争力的媒体品牌。最近几年，我国文化宣传部门在这方面进行了诸多努力，通过整合报纸、通讯社、广播电视、互联网及出版机构等多种媒介资源，综合利用有线、无线及卫星等多种技术手段，加速构建现代化的文化传播网络，拓宽文化传播路径，丰富传播方式，并组建专门的传播团队，吸引专业文化传播人才，齐心协力促进传统文化的对外交流。在我国经济和社会迅速发展的背景下，民众对于文化和精神生活的需求也在日益增长，相比之下，现有的传播体系还存在一定的局限性，传播技术和能力仍有待提高以达到国际先进水平。展望未来，我们将继续开发更具科技含量的传播工具，使其与国家的发展步伐相匹配，更好地满足人们对文化产品的消费需求。这无疑是一项挑战，需要我们付出更多的智慧与辛勤劳动。

六、建立长效机制

长效机制指的是能够确保制度长期稳定运行，并持续发挥预期功能的系统。为了促进中华优秀传统文化的传承与发展，各级政府应当制定相应的政策和法规，为中华优秀传统文化的延续提供坚实的制度支撑。通过建立一套长效的传承机制，中华优秀传统文化能够在面对西方强势文化和现代多元价值观的挑战，以及在追求短期经济效益的压力时，突破其固有的农业社会属性，避免沦为商业利益的附庸，从而保持自身的纯净和独特性。在这个过程中，长效机制强调了各级政府在中华优秀传统文化传承中的主导地位。政府在这一机制中担任着不可或缺的角色，既是领导者、策划者，也是组织者和协调者。为了保障中华优秀传统文化传承项目的顺利实施，各级政府需要在以下几方面做出努力。

（一）进一步制定保护中华优秀传统文化资源的具体措施

保护中华优秀传统文化资源是当代传承中华优秀传统文化的前提。要使保护工作落到实处且卓有成效，还必须采取合理有效的保护方法和措施，具体措施如下。

首先，实施系统的立法保护措施。各省级行政区，包括省、自治区和直辖市，应当依据国家关于文化保护的法律法规，针对本地的中华优秀传统文化资源制定相应的保护条例。

其次，实行传承性的保护措施，重点在于非物质文化遗产项目及其传承人的保护。在非物质文化遗产的保护工作中，传承人的角色至关重要。这些传承人通常是由社区广泛认同，深刻理解并熟练掌握民族民间文化活动的本质、形式和组织规则的人士；或者是拥有卓越技艺的手工艺人；抑或是那些收集并保存了大量民族民间文化原始文献及其他实物资料的个人。传承人的资格认证需基于个人申请或他人推荐，并经历严格的评估和审批程序。获得认定后，传承人可以根据传统的方式选择和培养接班人。他们所从事的技艺传授、教学讲座、艺术创作及学术研究等活动均应得到政府政策的支持与保障。对于已经被认定的民族民间文化传承人，相关部门应为其建立个人档案，并积极支持其开展传承活动。对于生活条件较为艰苦的传承人，地方政府应当提供必要的生活补贴。只有这样，才能有效确保非物质文化遗产的真实性和多样性得到妥善保护。

最后，实施知识产权保护。近年来，中华优秀传统文化元素遭遇抢注的情况频发，例如杭州曾发生的老字号商标被抢注，导致不得不花费高额费用回购的案例，这为中华优秀传统文化的保护拉响了警报。中华优秀传统文化遗产是在长期的社会实践中，基于先辈的经验而形成的独具特色的精神财富。因此，许多中华优秀传统文化项目都涉及知识产权问题。无论是明确传承人还是确认保护项目，都是对这些传承人所创造技艺和文化传统的承认。指定保护人和保护项目同样是保护知识产权的重要步骤，有时还需要结合知识产权保护的相关法律法规，从而使知识产权保护工作逐步走向科学化、规范化和法制化，确保这些创造成果能够得到法律的有效保障。

（二）因地制宜开发本土传统文化资源

国家鼓励各地结合自身特色，采取灵活多样的形式，开发利用本土传统文化资源。

首先，可以利用现代艺术设计来开发利用本地文化资源。开发地方文化资源是一项长期且复杂的系统工程。为了有效宣传和推广这些文化资源的开发，必须创造一个良好的舆论氛围，形成共识和文化凝聚力，吸引全国乃至全球各行各业的参与。通过引进海外的资金、技术和人力资源，可以加速这一过程，提高开发效果，并促进广泛的信息交流与合作。现代艺术设计因其独特的文化特质和丰富的表现力，在连接传统与现代的过程中能够发挥至关重要的作用。这不仅有助于传统文化的当代转化，还能使地方文化资源焕发新生，更好地融入现代社会。

其次，可以通过旅游业作为切入点来开发利用本土传统文化资源。旅游业在推动文化发展方面起到了关键作用。一方面，文化的发展需要内容与形式之间的和谐统一。文化的内容可以通过语言文字、艺术表达、生活习惯、建筑风格等形式呈现出来。旅游业作为一个媒介，不仅推动了文化形式的创新与发展，还使得文化内容通过游客的亲身体验得以传播，实现了文化内容与形式的有机融合和同步推进。另一方面，文化的发展也是一个继承与扬弃的过程。旅游业提供了一个平台，让公众有机会自发地接触和了解传统文化，使人们能够基于当今社会的整体需求重新认识和全面理解传统文化，从而为传统文化的继承与创新提供时代标准。此外，旅游业对文化发展的直接影响表现在它能够将文化资源转化为可供大众消费的产品，为文化的发展提供经济支撑。然而，在利用旅游业促进文化发展的过程中，需要注意的是，旅游行业自身的发展并不会自然而然地带来对文化资源的有效保护。因此，在发展旅游业的同时，必须提高文化资源保护意识，做到合理开发利用，以实现旅游与文化的双赢局面。合理地开发利用文化资源是旅游业可持续发展的关键。其中最重要的一点是要维护文化资源所有者的主体地位，这不仅体现在经济利益的分配上，也体现在文化的保护、创造和发展上。文化的保护、创造和发展都应以当地居民为主体，确保所保护、创造和发展的文化仍然是其原本的文化，而非为了吸引游客而人为制造的“伪文化”。

第二节　新媒体时代中华优秀传统文化传播的优化路径

一、新媒体对中华优秀传统文化传播的作用

（一）完善中华优秀传统文化的传播结构

一方面，传统媒体与新媒体相结合，可以发挥各自优势。传统媒体因其信息传播的准确性和完整性，在传递信息时具有较高的权威性；而新媒体则以其信息传递的便捷性和趣味性受到欢迎。两者相互补充，各自发挥所长。利用报纸、广播和电视等传统媒体的权威地位，对经典文学作品进行深度分析，有利于帮助公众形成对中华优秀传统文化的全面认识。另一方面，新媒体在个性化传播中华优秀传统文化方面起到了重要作用。鉴于社会群体的多样性，不同人群对中华优秀传统文化有不同的需求。通过带有智能推荐功能的应用程序，例如今日头条、澎湃新闻等，根据用户的兴趣推送个性化的传统文化内容，并增加推送强度。这样的传播方式不仅符合现代人碎片化的阅读习惯，还提升了中华优秀传统文化在不同个体间的传播效果。

（二）扩展中华优秀传统文化的传播范围

在推广中华优秀传统文化的过程中，新媒体发挥了重要作用，使这一文化瑰宝得以从少数人的认知圈走向更广泛的大众。尽管之前通过传统媒体平台，如电视，也有《百家讲坛》《丝绸之路》这样的知名节目出现，并且这些节目确实在一定范围内产生了积极影响，但其观众群体相对固定，主要集中在受过良好教育

的知识阶层或是对传统文化有一定兴趣的小众圈子。相比之下，新媒体凭借互联网的广泛覆盖和无边界特性，极大地拓宽了中华优秀传统文化的传播渠道，让更多普通百姓能够轻松接触到这些宝贵的文化遗产，并增进对其的理解与认识。

从国际传播的角度来看，新媒体加速了中华优秀传统文化与全球文明的互动与融合。为了促进中华优秀传统文化的持续发展，我们需要秉持开放包容的态度，吸纳世界各地文明中的有益元素。随着互联网的普及，其影响力遍布全球，新媒体让中国人民能够更广泛地接触到世界文化，从而丰富了中华优秀传统文化的现代内涵。与此同时，世界的发展也需要中国的参与，中华优秀传统文化对全球的社会与经济进步同样具有重要意义。例如，“以道驭术”的中国传统哲学观念，在处理人与自然及技术与伦理关系的问题上有独到的见解和价值，这种观念对于指导现代社会发展和技术伦理具有独特的贡献。

二、新媒体时代中华优秀传统文化传播的优化路径

（一）优化新媒体传播环境

首先，受众需要培养正确的传承传统文化意识。新媒体降低了信息传播与获取的技术门槛，导致传统文化中的精华与糟粕都能迅速传播开来。考虑到许多受众的媒介素养不足，这种情况可能会影响中华优秀传统文化的正确传播。因此，国家有必要组织力量对中华优秀传统文化典籍进行审查、校正和系统化整理，并通过新媒体平台整合这些资源，实现数字化传播。这样做可以帮助受众准确辨别传统文化中的精华与糟粕。

其次，传播者需要增强自身的文化和媒介素养。有些学识渊博的专家可能对传统文化了如指掌，但却对新兴的数字媒体技术不太熟悉；反之，一些熟练使用新媒体技术的自媒体从业者可能在传统文化知识方面有所欠缺。因此，传播者应积极提升自己的文化及媒介素养。文化素养不仅包括积累优秀的传统文化知识，还涉及发掘这些知识在现代社会的价值，并能在实际生活中恰当地运用传统文化；而媒介素养则指的是具备识别和管理信息的能力，并且能够理解和运用媒体的工作原理，从而有效地引领观众学习中华优秀传统文化。

最后，为了确保中华优秀传统文化的传承与发展，政府须加强对舆论的管理与导向。国家应出台相应措施，对任何公然贬损中华优秀传统文化价值的言论采取法律手段加以处理；借助舆情监控技术，对新媒体平台关于中华优秀传统文化的信息传播进行及时的指导与调整。

（二）转化新媒体传播内容

在利用新媒体平台推广中华优秀传统文化的过程中，通常只是直接转载传统

文献资料，这种做法容易造成受众的被动接收。为此，我们应该依据是否符合社会主义核心价值观，并且能否推动现代社会与经济进步的标准，来进行中华优秀传统文化的创造性转化与创新发展。

一方面，在当今社会，我们有必要以一种与时俱进的方法来革新和发扬中华传统文化中的精华。例如，在儒家思想这一被视为中华传统文化精髓的领域中，自孔子在春秋时期首倡“仁、义、礼、智、信”以来，经过了多个阶段的发展：汉代董仲舒提出了适应时代的新的儒学观念；宋代和明代则有程朱理学与陆王心学的兴起；而到了明清时期，又有黄宗羲、顾炎武、王夫之等人对其理论进行了进一步的拓展和完善。现代社会，我们应该深入发掘这些传统文化中跨越时空的价值，并根据当今社会的具体需求来进行创造性转化和实际应用。

另一方面，应该运用现代观念来重新解读中华优秀传统文化。只有通过当下视角对其进行审视，并使用现代语言进行阐释与表达，再借助新媒体工具进行推广，才能使中华优秀传统文化在当今社会中得到更广泛的认知与接受。比如，对于端午节纪念屈原的故事，其中蕴含的“忠君爱国”精神，在现代可能因为人们对传统忠孝观念的质疑而不再完全适用。因此，我们可以将这种精神重新定义为一种坚定的民族自豪感和社会责任意识，这样的解读方式更易于与现代人的价值观产生共鸣。

（三）调整新媒体传播策略

第一，让大学生成为传承中华优秀传统文化的主要力量。弘扬中华优秀传统文化对于提高大学生的思想道德水平和科学文化素质至关重要。例如，“无极而太极”的宇宙观、“参赞天地之化育”的人生观，以及“修身为本”“义以为上”的价值理念，都可以帮助当代青年建立起正确的人生导向。此外，传统文化中所倡导的“勤思善悟”“人与自然和谐共生”“直观感受”及“灵活应变”的思考模式，也能够帮助扩展大学生的知识视野。具体实施措施可以包括增强校内媒体的宣传教育功能，以及开发慕课等网络教育资源，以便更有效地向大学生传播中华优秀传统文化精髓。

第二，确立以满足受众多样化需求为目标的策略。各类媒体平台应当调整自身定位，不仅要提供学习传统文化知识的机会，还要考虑到受众休闲娱乐的需求，并在此过程中提升其价值观念。与此同时，各媒体平台还应该充分发挥自身技术特色，以增强传播效果。比如，可以将线上新媒体与线下文化活动相结合，协同促进中华优秀传统文化的普及。故宫博物院在这方面做出了很好的示范，他们推出的涵盖文房四宝及化妆品等多种文化创意产品，借助电商平台进行销售，使传统文化融入人们的日常生活之中。

第三，着眼于整合不同平台的资源。要将传统主流媒体与新兴的自媒体平台上的传播力量结合起来。一方面，传统主流媒体如央视、人民日报等机构的官方社交媒体账号在网络上拥有较高的信任度和影响力，应该积极与公众建立有效的互动机制，并利用网络上的“意见领袖”来发挥正面引导作用。另一方面，新兴自媒体由于其传播的热情和贴近民众的特点，在获取和更新中华优秀传统文化资源方面展现出独特的优势，它们往往能够紧密联系实际的社会活动，从而有效提升传统文化传播的效果和范围。

第三节　探索建立新时代中华优秀传统文化的传承方式

传承方式，是指在弘扬中华优秀传统文化过程中所采取的具体方法、模式、渠道、工具和手段等。随着社会现代化进程的推进，中华优秀传统文化的传承方式不仅继承了原有的传统形式，还吸纳了符合新时代特征的现代手段。传统传承方式涵盖教育传授、文献保存、集体活动及师徒传承等形式，而现代传承方式则增加了电子媒体、文化中心等多种途径。历史上，教育在传统文化的传承中扮演了极其重要的角色，特别是学校教育，在文化延续方面占据核心位置。即便是在当今科技迅猛发展的时代背景下，尽管教育形式日趋多样化，学校教育依旧是儿童和青少年文化传承的主要渠道之一。随着时间的流逝，许多传统文化元素已经渗透到节日庆祝、习俗和大型民俗活动中，通过这些集体活动进行文化传承是一种直观且有效的方式。在信息技术高速发展的当下，各种信息充斥着我们的生活，媒体产业也日益繁荣，因此，传承中华优秀传统文化，合理利用媒体资源尤为重要，这不仅包括传统的纸质媒介如古籍文献，还涉及互联网、移动设备等现代通信手段。此外，为了传承中华优秀传统文化，还需要重视图书馆、展览馆、博物馆等文化设施建设，因为这些场所也是文化传承的重要载体。

一、发挥教育的基础性作用，建立中华优秀传统文化的接受机制

在传承和发展中华优秀传统文化的过程中，教育始终扮演着基础性和引领性的作用。学校教育作为这一过程的核心环节，肩负着不可替代的使命。人既是文化的创造者，也是文化的传承者和受益者。如果中华优秀传统文化不能得到民众的广泛认同，不能成为人们内心稳定的精神支柱，那么它的传承就会失去意义。因此，唯有当中华优秀传统文化深植于每一位国民的心中，并转化为自觉的行为规范时，才能真正实现其传承与发展。教育是促使人们形成文化认同，并将其内化为行动指南的关键路径。教育具有综合性、阶段性、长期性、渐进性和全面性的特性。教育不仅是知识的记忆，更是通过知识的启迪，实现个体从自然状态向理性状态的转变，培养其创造能力和创新能力，这是现代人的基本特质。唯有通

过教育，才能激发人们对中华文化的内在认同感，肩负起传承中华优秀传统文化的责任，并推动中华民族的伟大复兴。然而，当前中华优秀传统文化教育仍面临着一系列挑战，社会尚未形成开展中华优秀传统文化教育的浓厚氛围，缺乏对中华优秀传统文化内容及其体系的清晰认知，中华优秀传统文化教育的内容安排和设计缺乏系统性和整体性，教学过程中过分强调知识灌输而忽略了文化精神实质的传达，课程设置与教材编写缺乏连贯性，师资队伍的整体素质有待提高，以及需要进一步增强社会各界在中华优秀传统文化教育中的合作力度等问题。为此，必须遵循党和国家关于文化建设的相关指导精神，围绕立德树人的根本任务，以促进人的全面发展为目标，以中华优秀传统文化中的仁爱精神为主线，在教育过程中注重自然科学与人文科学的有机结合，培养学生具备科学理性思维和人文关怀精神。同时，应深入研究青少年的成长规律，关注他们的心理变化和需求，找到中华优秀传统文化教育的有效切入点；加强基础教育与高等教育之间的衔接，提高中华优秀传统文化教育的针对性，既要做到因材施教，又要实现不同层次教育的协调统一；推动哲学社会科学的发展，为中华优秀传统文化教育提供坚实的学术支持；将中华优秀传统文化与公民理性思维的培育及公民社会构建相结合，推进社会伦理道德的践行，为建设和谐社会打下坚实的基础；深化中华优秀传统文化教育教学改革，优化课程体系建设，制定课程标准，编撰专业教材，推广普及读物，创新教学方法，鼓励教师利用现代数字媒体技术，提升中华优秀传统文化教育的质量；强化师资队伍的专业培训，打造一支高素质的专业教师队伍；通过学生社团举办多样的中华优秀传统文化活动，营造校园内传承中华优秀传统文化的良好环境；加强国家民族语言文字的保护工作，推进汉语在全球的应用。通过上述各种措施的共同努力，最终实现中华优秀传统文化的世代相传。

二、开发和完善媒介传承方式

在中国文化的传承过程中，起初主要依赖的是口述和行为的方式。后来，随着书写文字的推广，书籍、报纸、杂志等一系列纸质出版物开始承担起文化传播的重要职责。即便如此，口述和行为的传统方式仍然保持着其生命力。正如学者周星指出的那样：“传承大都在日常生活中被人们反复实践着，或口耳相传，或‘以心传心’，或借助文字、教育及其他各种包括非语言的方式（行为）而代代相传。”然而，随着科技的发展和现代社会的变化，电子媒介如视频、图片和数字影像等逐渐成为新的文化传承工具。这些新型媒介突破了时空的界限，减少了文化传递中的障碍，并赋予了文化传承更广阔的传播范围与更多的自由度。此外，它们还在传承的过程中融入了知识性和娱乐性元素，增强了文化的创造能力、影响力及传播效果。比如，《舌尖上的中国》这一节目，通过展示传统美食，唤起了人们对过往美好生活的怀念，并利用电视这一平台将饮食文化传递给新一代的年轻人。另外，各地方电视台播出的地方风情节目不仅吸引了众多游客，还推动了文化的继承与发展。如今，电子视听媒介对人们的生产与生活方式产生了深远的影响，电子媒介已经成为文化传播的主要形式。当今社会，每一个人都不再是单纯的信息接受者，而是网络环境中不可或缺的信息筛选者、内容创作者及传播者。电子媒介的应用已成为现代文化传播的核心方式，正在逐步替代传统的传播途径。现在有更多的人通过电子媒介而非日常生活中的言行举止或纸质出版物来了解中华优秀传统文化。由于网络媒体在生活中的普遍使用，人们可以随时随地接触到这些信息。在此情况下，通过诸如广告、电影、电视及互联网等网络媒介传播手段，中华优秀传统文化的独特魅力得以广泛传播。

三、发挥文化场馆的传承作用

文化场馆作为中华优秀传统文化传承的关键平台，提供了一个可以触摸、具体呈现并且能够让人们亲身体验的实际环境，从而构建了一个连接人与中华优秀传统文化的互动桥梁。在这个空间内，展览品、参观者与社会文化相互交织，共同营造出一个寓教于乐的学习氛围。尽管文化场馆受限于物理空间，但它们能集中展现中华优秀传统文化的核心内容，并且借助多种展示手法，增强参与者对于中华优秀传统文化的认识与情感联系。文化场馆以其广泛的涵盖范围、精选的内容、直观的表现形式、浓厚的文化气息、独特的地理位置、长期的存在及强大的社会影响力，在弘扬中华优秀传统文化上扮演着不可或缺的角色。建设文化场馆或传统文化体验中心，不仅为传统工艺大师提供了展示技艺的舞台，增强了文化传承的动力，同时也为那些热衷于中华优秀传统文化的年轻人提供了实习与工作的机会，让他们能够直接参与中华优秀传统文化的传播与发展中来。因此，我们必须充分认识到文化场馆在传承中华优秀传统文化方面的价值，并积极探索与制定有效策略和机制，以便更好地发挥文化场馆在中华优秀传统文化传承中的功能。

第四节　提升中华优秀传统文化的世界竞争力和影响力

有人认为，文化的持续发展与进步主要得益于不同文化之间的交流。这种交流促使各种性质各异、形式多样的文化体系之间进行互动、学习、接纳与模仿，从而在交融中催生出更为先进的文化形态。当一种文化形成后，它首先在其所属的社群内传播，随后逐渐扩散至更广泛的区域，进而促进了跨文化的交流。这种交流被视为推动社会发展的重要力量之一。在全球化成为当今世界最为明显特征的背景下，无论人们对这一现象持何种态度，全球化的趋势已渗透至地球的各个角落，并促使许多国家和地区发生了变化。全球化不仅加深了各民族文化间的互动，还加速了基于现代高科技的文化对话与交流，令文化开放成为一股不可阻挡的力量。因此，为了增强中华优秀传统文化的传播力、影响力及其持续发展的能力，中国需要进一步推广中华优秀传统文化，增进与其他民族文化的交流。缺乏国际竞争力和传播力的文化，最终只能被其他文化所同化。与此同时，在推广过程中，还需要强化文化安全意识，抵制文化霸权主义，以保持中华民族传统文化的独特性和独立性。

一、积极实施“走出去”战略，推广中华优秀传统文化

文化交流与实践是推动文化发展的关键。自改革开放以来，中国实施了开放的政策，建立了社会主义市场经济体制，这一系列举措促使中国在经济、社会、文化等多个领域取得了显著成就，使中华民族逐步崛起并在国际事务中发挥重要作用，引起了全世界的关注。因此，在当今时代，中华优秀传统文化迎来了近现代史上前所未有的发展机遇。我们应当增强中华优秀传统文化“走出去”的步伐，同时也应积极“引进来”，努力将中华优秀传统文化推向世界舞台，让全球更多地方了解并欣赏到中华文化的魅力。

二、树立文化安全意识，抵御文化霸权

国家文化安全是一个涉及民族文化主权、文化形象、民族精神创造力、综合国力以及国家持续稳定发展的重大议题。在全球文化呈现多元化趋势的背景下，文化安全已经成为影响国家和民族生存与发展的重要战略因素之一。虽然和平与发展是当今时代的主题，但在经济全球化浪潮中，我国的文化发展仍然面临着复杂的局面。一方面，我们要积极参与到经济全球化的进程中；另一方面，则需要防范来自西方国家的文化霸权和文化殖民主义的影响，因为全球化导致的强势文化跨国界传播正在对基于民族和国家的文化存在构成严峻挑战。除此之外，我们还需要在传承中华优秀传统文化的基础上，有效地应对西方落后价值观及文化商品化在现代化转型期间对我国思想文化领域的影响。文化安全作为国家安全体系的一个重要组成部分，对于确保国家的政治、经济、军事等领域的安全具有至关重要的作用。

参考文献

[1] 蔡世华 . 高校传承发展中华优秀传统文化的新使命 [J]. 中国高等教育，2023（20）：9–12.

[2] 曹存有 . 中华优秀传统文化的当代传承体系建构模式 [J]. 宿州教育学院学报，2017（2）：3–4.

[3] 曹晶 . 浅谈文化馆在中华优秀传统文化传承发展中的作用 [J]. 大众文艺，2017（23）：9–10.

[4] 陈莉 . 文化认同：中华优秀传统文化传承和发展的内在动力 [J]. 山东社会科学，2020（7）：56–61.

[5] 陈淑娟，尹冬青 . 新媒体时代中华优秀传统文化的传承发展 [J]. 南方论刊，2024（3）：96–98.

[6] 陈卫平 . 新时代传承发展中华优秀传统文化的根本方针 [J]. 孔学堂，2021（3）：8–13.

[7] 崔恩慧 . 文化自信视域下中华优秀传统文化的传承与发展 [J]. 汉字文化，2022（16）：59–61.

[8] 崔华前 . 关于习近平传承发展中华优秀传统文化的方法论思考 [J]. 文化软实力研究，2019（3）：29–36.

[9] 崔磊 . 传统民族文化符号的传承发展研究 [J]. 文化产业，2023（7）：91–93.

[10] 杜梦婷 . 全媒介时代背景下中华优秀传统文化继承和创新途径探讨 [J]. 汉字文化，2023（20）：50–52.

[11] 杜萍，赵英杰 . 新时代传承弘扬中华优秀传统文化的原则、价值和方法 [J]. 保定学院学报，2018（6）：7–13.

[12] 范玉刚 . 以制度构建中华优秀传统文化传承发展体系 [J]. 长春市委党校学报，2017（2）：25–27.

[13] 冯刚，鲁力 . 习近平关于中华优秀传统文化重要论述的理论蕴涵 [J]. 湖南大学学报（社会科学版），2022（1）：1–10.

[14] 冯诗琪 . 中华优秀传统文化“传承发展体系”的理论内蕴与建构原则研究 [J]. 吉林广播电视大学学报，2022（5）：154–156.

[15] 巩立超 . 新媒体时代中华优秀传统文化的传承与发展策略 [J]. 商业经济，2023（2）：152–153.
[16] 郭爱斌 . 中华优秀传统文化的传承与发展 [J]. 边疆经济与文化，2019（9）：52–55.
[17] 郭慧毅，石慧 . 新时代中华优秀传统文化的传承与发展研究 [J]. 中国民族博览，2023（5）：94–96.
[18] 韩美群 . 新时代传承与发展中华优秀传统文化的方法论探析 [J]. 马克思主义与现实，2020（5）：97–102.
[19] 韩晓梅，李敏 . 习近平文化思想引领中华优秀传统文化传承发展的三重论域 [J]. 河北科技大学学报（社会科学版），2024（2）：1–7.
[20] 洪鸿，闫俊文，文笛，等 . 同文同宗、一脉相承、永续发展文化交流：共同传承和弘扬中华优秀传统文化 [J]. 台声，2018（11）：51–53.
[21] 侯彧娴，张诗怡 . 以国学引领中华优秀传统文化发展路径研究 [J]. 汉字文化，2024（11）：53–55.
[22] 胡颖群 . 中华优秀传统文化在习近平治国理政实践中的传承与发展 [J]. 安徽工业大学学报（社会科学版），2017（6）：104–105.
[23] 黄方 . 传承和发展中华优秀传统文化的时代背景 [J]. 中小企业管理与科技（下旬刊），2018（11）：106–110.
[24] 黄意武 . 中华优秀传统文化创造性转化、创新性发展面临的障碍及破解路径 [J]. 重庆社会科学，2020（5）：119–128.
[25] 简华美 . 深入推进中华优秀传统文化传承发展的具体路径探析 [J]. 汉字文化，2021（6）：152–153.
[26] 姜义华 . 推动中华优秀传统文化传承发展 [J]. 历史评论，2021（4）：98–99.
[27] 靳诺 . 以新的文化使命传承发展中华优秀传统文化 [J]. 红旗文稿，2023（18）：4–8.
[28] 李璠 . 弘扬中华优秀传统文化与中国社会发展研究 [M]. 北京：北京工业大学出版社，2023.
[29] 李根芹，白新芳 . 中华优秀传统文化的当代价值与传承发展探究 [J]. 文化创新比较研究，2021（22）：117–120.
[30] 李贵卿 . 互联网时代中华优秀传统文化的传承与创新研究 [M]. 成都：四川大学出版社，2023.
[31] 李新潮，范鹏 . 中华优秀传统文化创造性转化创新性发展研究述评与展望 [J]. 文化软实力，2020（3）：74–82.
[32] 刘冬雪 . 中华优秀传统文化传承发展理路探析 [J]. 唐山师范学院学报，2018

（2）：132–135.
[33] 刘鹏飞 . 中华优秀传统文化传承和发展的新途径 [J]. 文化产业，2019（1）：19-20.
[34] 刘秋红 . 文化自信视域下中华优秀传统文化传承与发展路径研究 [J]. 文化创新比较研究，2024（11）：193–198.
[35] 刘洋 . 关于中华优秀传统文化传承与发展的策略与思考 [J]. 科学咨询（教育科研），2023（11）：54–56.
[36] 刘宇阳 . 中华优秀传统文化的当代转化与继承：实现古代智慧的现代价值 [J]. 出版参考，2024（1）：5–7.
[37] 刘云霞 . 论中华优秀传统文化的传承发展 [J]. 新乡学院学报，2018（11）：7–10.
[38] 卢艳华 . 努力传承好发展好中华优秀传统文化 [J]. 中国民族，2022（10）：56.
[39] 鲁鲜亮 . 新时代中华优秀传统文化传承与发展路径探析 [J]. 汉字文化，2022（8）：169–171.
[40] 罗施福，陈丽敏 . 文化领导权视阈下中华优秀传统文化传承发展路径 [J]. 贵州社会主义学院学报，2024（2）：34–39.
[41] 吕春燕 . 新媒体时代中华优秀传统文化的传承和发展研究 [J]. 文化产业，2022（12）：76–78.
[42] 马晖，谢玲 . 文化自信视域下中华优秀传统文化传承与发展研究 [J]. 河北能源职业技术学院学报，2022（3）：18–21.
[43] 马梦媛 . 高校传承发展中华优秀传统文化的路径 [J]. 现代职业教育，2020（9）：6–7.
[44] 马宁 . 中华优秀传统文化的传承与创新 [M]. 青岛：中国海洋大学出版社，2023.
[45] 马启慧 . 中华优秀传统文化的当代价值与传承发展 [J]. 文化产业，2024（16）：35–37.
[46] 马庆玲 . 以“两个结合”推动中华优秀传统文化的传承发展 [J]. 哈尔滨市委党校学报，2021（6）：6–10.
[47] 齐梦雪，李珂 . 新时代中华优秀传统文化传承 [J]. 合作经济与科技，2020（21）：40–42.
[48] 钱归归 . 文化自信视角下传承中华优秀传统文化的核心旨趣与有效方略研究 [J]. 宜春学院学报，2024（5）：14–19.
[49] 任嫒嫒 . 中华优秀传统文化中儒家文化的发展与传承 [J]. 中国民族博览，

2024（4）：85–87.

[50] 阮春晖 . 论中华优秀传统文化传承创新的基本规律 [J]. 邵阳学院学报（社会科学版），2018（5）：111–116.

[51] 申峥峥 . 数字技术赋能中华优秀传统文化传承发展 [J]. 理论月刊，2024（5）：141–149.

[52] 沈芬 . 运用现代技术手段创新传承发展中华优秀传统文化 [J]. 杭州，2017（6）：20–24.

[53] 沈湘平 . 深化对习近平关于传承发展中华优秀传统文化重要论述的总体性认识 [J]. 北京行政学院学报，2024（1）：10–18.

[54] 宋钰，王东平 . 中华优秀传统文化传承发展研究 [J]. 合作经济与科技，2021（2）：40–41.

[55] 孙雷 . 传承弘扬中华优秀传统文化 [J]. 理论导报，2021（2）：61.

[56] 涂可国 . 传承弘扬中华优秀传统文化的重大理论创新 [J]. 人文天下，2021（11）：4–14.

[57] 王宣文 . 中华优秀传统文化传承发展要强化“五个意识”[J]. 哈尔滨市委党校学报，2019（1）：4–8.

[58] 王燕晓 . 思政课如何传承和发展中华优秀传统文化 [J]. 思想政治课教学，2023（12）：4–7.

[59] 王雨 . 中华优秀传统文化的时代价值及其传承发展 [J]. 商丘师范学院学报，2019（1）：42–46.

[60] 王昱清 . 习近平总书记关于传承发展中华优秀传统文化思想研究 [J]. 中共石家庄市委党校学报，2017（11）：31–34.

[61] 王韵，徐凡迪 . 数字媒体艺术对中华优秀传统文化传承发展作用研究 [J]. 丝网印刷，2024（2）：90–92.

[62] 王韵涵，刘友田 . 新时代中华优秀传统文化的传承发展路径研究 [J]. 文化创新比较研究，2023（14）：193–198.

[63] 卫明皓 . 新时代中华优秀传统文化传承与发展路径探析 [J]. 汉字文化，2022（7）：171–172.

[64] 魏志鹏 . 新时代中华优秀传统文化传承与发展路径探析 [J]. 汉字文化，2022（10）：166–168.

[65] 吴舒婷 . 传承和发展中华优秀传统文化 100 年：历程成就经验 [J]. 黑龙江工业学院学报（综合版），2021（2）：46–52.

[66] 吴增礼，马振伟 . 中华优秀传统文化提升文化自信的理与路 [J]. 马克思主义研究，2018（9）：77–85.

[67] 武韡婷．对互联网时代传承中华优秀传统文化的有效探索 [J]. 现代职业教育，2020（35）：196–197.
[68] 徐娜．系统思维视域下中华优秀传统文化传承探析 [J]. 文化学刊，2024（2）：177–180.
[69] 许蓝方，郑晓利，刘然．人工智能应用对于中华优秀传统文化传承发展的现实价值研究 [J]. 新闻世界，2024（5）：93–95.
[70] 杨翠苹．论新时代学习与传承中华优秀传统文化的路径 [J]. 产业与科技论坛，2023（4）：128–129.
[71] 杨莎．新时代中国优秀传统文化的传承与应用 [M]. 北京：北京工业大学出版社，2021.
[72] 杨艳．基于文化自信背景下的中华优秀传统文化传承策略 [J]. 中国民族博览，2024（2）：93–95.
[73] 张宏伟，王雨宁．中国式现代化视域下中华优秀传统文化的价值意蕴和传承发展路径 [J]. 党政干部学刊，2024（4）：29–35.
[74] 张家媛，周娜．中华优秀传统文化传承发展的媒介机遇及价值意蕴 [J]. 文化产业，2024（4）：150–152.
[75] 张磊，张苹．论中华优秀传统文化的传承、转化与历史科学的发展 [J]. 华南师范大学学报（社会科学版），2017（5）：48–51.
[76] 张磊．新媒体语境下中华优秀传统文化的传承与发展 [J]. 新闻爱好者，2022（12）：110–111.
[77] 张璐，许烨．新时代中华优秀传统文化的传承发展研究 [J]. 云南社会主义学院学报，2021（3）：101–107.
[78] 张娜．中华优秀传统文化的当代价值及其传承发展 [J]. 佳木斯职业学院学报，2020（12）：35–37.
[79] 张贻春．传统文化的传承与创新性发展研究 [M]. 太原：三晋出版社，2023.
[80] 张永奇．中华优秀传统文化传承发展机制的构建：价值、内容与策略 [J]. 马克思主义研究，2017（12）：80–87.
[81] 赵博雅．基于中华优秀传统文化传承发展的前景态势探讨 [J]. 林业科技情报，2022（3）：217–220.
[82] 赵坤，耿超．赓续文脉传承发展中华优秀传统文化 [M]. 重庆：重庆出版社，2020.
[83] 赵颖．试论如何在中华优秀传统文化发展传承背景下继承与弘扬方志文化 [J]. 新疆地方志，2020（1）：23–26.
[84] 郑千千．新时代优秀传统文化传承和发展路径探究 [J]. 汉字文化，2021（20）：

164–166.
[85] 郑文婷 . 智媒时代下中华优秀传统文化在高校的传承与发展 [J]. 中国民族博览，2023（14）：92–94.
[86] 周春芳 . 以数字技术推动中华优秀传统文化融入思想政治教育 [J]. 社会科学家，2023（8）：148–154.
[87] 朱家锣 . 新时代中华优秀传统文化的传承与发展研究 [J]. 汉字文化，2022（20）：170–172.
[88] 朱康有，王杰 . 中华优秀传统文化的传承发展 [J]. 前进，2017（8）：7–10，45.
[89] 朱宁 . 新时代中华优秀传统文化传承发展研究 [J]. 汉字文化，2022（22）：162–164.
[90] 邹少强 . 中华优秀传统文化在新时代的传承与发展研究：以中国传统节日民俗文化为例 [J]. 文化产业，2023（6）：74–76.